GUIARAMA COMPACT

CW01638272

Andorra

ANAYA TOURING

Autores: **Francisco Sánchez** y **Edgar de Puy**

Editora de proyecto: **Ana Mª López Martín**
Edición: **Gabriel Martínez Candenas y Nuria Barbé**
Coordinación técnica: **Mercedes San Ildefonso**
Técnico editorial: **David Lozano**
Cartografía: **Anaya Touring**
Diseño tipográfico y de cubierta: **Marivies**

Todas las fotografías pertenecen a **Francisco Sánchez y Edgar de Puy,** excepto: **123RF:** 8 (detalle sup.), 8, 9, 11, 12 (2),14 (2), 16, 17, 18 (sup.), 32 (2), 33 (2), 35 (2), 61, 80 (inf.), 94 sup., 104 (detalle sup.), 104, 111, 112. **Grupo Anaya:** 19 (sup.). **Dreamstime:** 15 (inf.), 34, 40-41, 54, 102-103. **Martin, Joseph / Anaya:** 19 (inf.). **Shutterstock:** 10, 18 (inf.). **Oficina de Turismo:** 114 (baile típico del Contrapàs).

Agradecimientos: A **Montse Buil** de Andorra Turisme y a **Luis Barbé.**

2ª edición: Junio 2021

Juan I. Luca de Tena, 15. 28027, Madrid

www.guiasdeviajeanaya.es

Depósito legal: M-09.914-2021
ISBN: 978-84-9158-389-9
Impreso en España-Printed in Spain

PAPEL DE FIBRA CERTIFICADO

La información contenida en esta guía ha sido cuidadosamente comprobada antes de su publicación. No obstante, dada la naturaleza variable de los datos, recomendamos su verificación antes de salir.

Contenido

Breve historia de Andorra

Andorra la Vella y su entorno

6
Grandvalira

Cómo usar esta guía

Esta Guiarama de Andorra se divide en cinco secciones que abarcan los aspectos más importantes de su visita al Principado.

Una mirada a Andorra, páginas 7-21

Presentación
Perfil de Andorra
La esencia de Andorra
Breve historia de Andorra
Naturaleza y paisaje
Personajes famosos

Diez lugares inolvidables, páginas 23-39

La elección de los autores de los diez lugares más atractivos, todos con información práctica.

Lo que hay que ver, páginas 41-101

Se divide el Principado en cuatro capítulos, cada uno con una introducción y listado de los lugares más interesantes.

Información práctica
Breves notas "¿Sabía que...?"
Paseos a pie
Excursiones en coche
Cuadro de gastronomía

Dónde..., páginas 103-119

Información detallada sobre restaurantes, alojamiento, compras, niños y ocio.
Información práctica páginas 116-119
Toda la información necesaria para viajar presentada de forma clara y resumida.

Mapas y planos

Las referencias aluden al plano de la ciudad que se encuentra en la sección "Lo que hay que ver" (pág. 44-45). Por ejemplo, Casa de la Vall (B1), indica las coordenadas (B1) del plano de Andorra la Vella.

Precios

El precio aproximado de los establecimientos se indicará mediante los signos:

C caro, **M** moderado y **E** económico.

Clasificación por estrellas

La mayoría de los lugares descritos en el libro se han clasificado por su grado de interés como sigue:

*** Visita obligada
** Muy interesante
* Interesante

Símbolos utilizados

A lo largo de la guía se han utilizado símbolos sencillos y claros para indicar las siguientes categorías:

- referencia a los planos de la guía
- dirección o localización
- número de teléfono
- horario
- restaurante o café
- rutas de autobús o tranvía
- estación de tren más cercana
- aeropuerto
- información turística
- precio de la entrada
- otros lugares de interés cercanos
- más información práctica
- web

LO QUE HAY QUE VER | EL VALIRA DEL NORD

La Massana

UN PASEO A PIE

Por el corazón capitalino

DÓNDE DORMIR | ALOJAMIENTOS

Alojamientos

Andorra la Vella

Una **mirada** a **Andorra**

Pequeño paraíso

Presentación

▲ Vista de Andorra la Vella, la capital, y la conurbación de Escaldes-Engordany.

El Principado de Andorra (Principat d'Andorra) es uno de los destinos turísticos más curiosos de Europa y del mundo. Limítrofe con España, se trata de uno de los estados más antiguos del viejo continente y el único coprincipado del mismo. A pesar de ser tan pequeño, es un lugar ideal para realizar múltiples actividades de ocio y turismo. Su capital, Andorra la Vella, cuenta con una variada oferta de servicios de calidad, y también de tiendas y grandes superficies comerciales donde conseguir cualquier tipo de productos a precios competitivos.

Los amantes del turismo activo encontrarán múltiples posibilidades de aventura: por su clima y su ubicación montañosa, es ideal para practicar esquí y otras actividades relacionadas con la nieve. Fuera de la temporada invernal, el senderismo es la actividad estrella gracias al espectacular paisaje de altas montañas colmadas de bosques, prados y estanys o lagos glaciares. Andorra tiene una buena red de refugios de montaña y una excelente señalización de sus viejos caminos forestales y ganaderos. Igualmente, el termalismo, con instalaciones de primer nivel, se ha convirtiendo en un gran reclamo turístico.

La cultura también tiene cita en Andorra: el románico con su característico sello se manifiesta en su máximo esplendor con coquetas iglesias románicas que conservan restos de primitivos murales, puentes y casonas de origen medieval... Sin olvidar la Casa de la Vall, institución donde conocer la curiosa impronta política del país, e insospechados museos como los dedicados a perfumes o automóviles.

Los bosques, lagos, la arcaica vida rural, todavía perceptible en construcciones como bordas y cortals, hace que el pequeño país de los Pirineos esté marcado por numerosos mitos y leyendas. Todo ello sumado a sus magníficas instalaciones lo consolida como el destino ideal para unas cortas vacaciones en familia, en cualquier época del año.

▼ Antigua cruz de término, en la capital.

Perfil de Andorra

Geografía y división administrativa

Andorra es un microestado europeo de poco más de 460 km^2 ubicado al sur de los Pirineos en una de sus áreas más agrestes y elevadas, con picos que se acercan a los 3.000 m de altitud. El eje de comunicaciones, asentamiento de población y actividades económicas, es el río Valira, tributario del Segre y a su vez, del Ebro. Es por ello que, salvo la zona de Pas de la Casa (abierta al Atlántico), es un territorio de montaña con clara influencia mediterránea. El río Valira tiene a su vez dos tributarios: el Valira del Nord y el Valira d'Orient, cuyas cuencas fluviales dibujan perfectamente la simetría del territorio andorrano. Aquí se encuentran las parroquias (tradicional división administrativa del país) altas: La Massana, Ordino, Canillo y Encamp, que conservan todavía parte de su encanto rural. Cuando estos dos ríos confluyen en uno, el valle se abre y así permite un mayor asentamiento poblacional. Aquí están las parroquias con un marcado carácter urbano: Escaldes-Engordany, Andorra la Vella (la capital) y Sant Julià de Lòria.

▲ La iglesia románica de Sant Climent situada en Pal, Ordino.

Población y lengua

A pesar de su ubicación en el corazón de los Pirineos, la población andorrana es cosmopolita. Por su economía centrada en los servicios, aquí se hallan asentadas otras nacionalidades como españoles, portugueses, franceses o ingleses. Tal es su número que los andorranos propiamente dichos ya son minoría. La población ha crecido desde los años 50 (unos 6.000 habitantes) hasta los 77.000 habitantes, a pesar de la crisis de 2008 y la pandemia de 2020; con una densidad alta, sobre todo en el fondo del valle principal del Valira, donde se concentra más del 60 por ciento de la población total. Aunque esté en minoría, el catalán es la lengua oficial, y es normal el uso del castellano y el francés. De hecho la enseñanza también se puede recibir en estos idiomas. La latente influencia de la iglesia católica –uno de sus copríncipes o jefe de estado ha sido tradicionalmente el obispo de Urgell– sigue presente en buena parte de las costumbres y tradiciones del país.

Economía

Andorra es un ejemplo de cómo un pequeño país se ha sabido adaptar a la situación económica del momento sin estar integrada en grandes estructuras socioeconómicas. La economía tradicional ha sido de carácter agrario y forestal con un fuerte peso de la ganadería ovina, el tabaco y las vetas de hierro (explotadas hasta fines del siglo XIX). Los conflictos europeos hicieron que se especializase en el comercio y se convirtiera en un refugio fiscal, que mantiene hasta hoy por sus bajos tipos impositivos.

Moneda

Con la integración de España en la UE, Andorra tuvo que abrirse al turismo, actividad que ahora es básica para la supervivencia económica del pequeño país que usa el euro como moneda de intercambio.

La **esencia** de **Andorra**

Andorra es un paraíso para el ocio y las compras: su espacio fácilmente abarcable permite en poco tiempo realizar actividades turísticas muy diferentes que permiten la desconexión en un entorno de alta montaña, con la posibilidad de nieve en invierno y un clima agradable el resto del año: ideal para huir del sofocante calor y humedad del Mediterráneo.

No hay que perderse...

Andorra, a pesar de su reducido tamaño, ofrece múltiples atractivos al visitante. A continuación indicamos lo que resulta más esencial:

Acercarse a la Casa de la Vall, una de las instituciones políticas más antiguas y curiosas de Europa, para entender la singularidad institucional del Principado.

Practicar esquí en Vallnord y Grandvalira. Esta última es el área esquiable más extensa del Pirineo, con unas 2.000 ha de superficie, panorámicos teleféricos y más de 200 km de descensos.

Disfrutar de la sencilla cocina andorrana con sus característicos *embutits, trinxats* o *escudelles* en una clásica borda: edificios antes utilizados para el ganado y el secado de cereal y ahora habilitados en confortables y rústicos restaurantes.

Pasear por las dos principales arterias comerciales de la capital y el núcleo de Escaldes para comprar o simplemente observar la gran variedad de artículos de moda, perfumes, electrodomésticos, ropa de invierno y, cómo no, el tabaco, a precios más económicos.

Visitar alguna de sus coquetas iglesias románicas para contemplar la sencillez del románico de estos valles donde la naturaleza con sus bondades, rigores e incluso catástrofes siempre está presente. Los interiores de estos templos, con restos de murales, nos sugieren cómo era la vida tradicional marcada intensamente por el catolicismo.

Observar el caudaloso río Valira por encima de sus puentes de origen románico. Los puentes románicos del Principado ilustran los antiguos y complicados caminos que unían el país con la civilización.

Un baño en Caldea, un espacio termolúdico que aprovecha los beneficios de las aguas minerales calientes de esta parte del país.

Una excursión por los valles laterales del Valira para descubrir el bello paisaje pirenaico, sobre todo entrada la primavera. Andorra cuenta entre sus parajes tres espectaculares parques nacionales.

Practicar otros deportes como el senderismo o la escalada, disfrutando del aire puro en inalterados espacios naturales como el Valle de Sorteny o el Valle del Madriu-Perafita-Claror que es Patrimonio de la Humanidad. Incluso se puede practicar submarinismo bajo los lagos helados.

Disfrutar del "Tobotronc" u otras atracciones también indicadas para los más pequeños en Naturlandia.

Disfrutar de actividades del motor como explorar las montañas sobre un vehículo oruga donde un guía da explicaciones mientras circulamos sobre la nieve. Otra opción son los karts sobre hielo en el Palau de Gel Andorra en Canillo.

Webs de interés

http://visitandorra.com/es/
Completo portal institucional de turismo del Principado con folletos temáticos para descargarse y pormenorizado apartado de servicios: alojamientos y restaurantes. Cada una de las siete parroquias tiene su propia web turística.

www.govern.ad
Página institucional del Gobierno de Andorra con secciones que pueden ser de interés como patrimonio natural, cultura, deportes, aduana...

www.andorramania.net
Página más publicitaria pero con los más diversos contenidos prácticos para disfrutar del país.

www.turisandorra.com
Página con importante contenido publicitario que informa sobre los atractivos de las diferentes parroquias así como una información práctica: ir de compras, salir de fiesta, etc. Dirigido para el turismo español y portugués.

▼ Andorra, paraíso para esquiadores.

Breve historia de Andorra

▲ Sant Miquel d'Engolasters, templo del siglo XII.

▼ Sant Marti de la Cortinada (Ordino), del siglo XII.

2.000 a.C. Los habitantes cavernícolas de la Balma de la Margineda se vieron desplazados por la cultura megalítica como apuntan los dólmenes hallados en las pedanías de Sorteny y Sornàs. Estos sepulcros colectivos eran un signo de identidad de una cultura dedicada al pastoreo y que ya construía cabañas de piedra similares a las actuales.

1.000 a.C. Las culturas célticas aportan el desarrollo de la metalurgia (bronce y hierro). Los inicios de la agricultura coexisten con la cultura megalítica y su actividad principal: la ganadería de cabras y ovejas. El topónimo Andorra tiene su origen en tiempos prerromanos y su posible significado es "fuera del camino".

siglo III a.C. Los romanos no se interesaron por este apartado valle de los andosinos y solo construyeron una vía o *strata* en la vecina Cerdaña. Las influencias supusieron avances en materias de derecho, lengua, aprovechamientos y técnicas agrícolas.

527 Inicio de la cristianización del valle del Valira por parte de los visigodos. Poco también se conoce de esta etapa pero sí está constatada la existencia del obispado de Urgell y su relación con la vieja iglesia fortificada de Sant Vicenç d'Enclar, cerca de Andorra la Vella.

732 Carlos Martel derrota a los árabes en Poitiers poniendo fin a la expansión musulmana por Europa. A pesar de que existe una torre en Les Bons bautizada como "dels Moros", son nulos los vestigios islámicos en el Principado. Eso sí, marca una etapa de emigración cristiana a valles perdidos del Pirineo.

785 Fin del dominio musulmán. Las incursiones continuarían hasta el siglo XII, siendo la más destructiva la del año 793 que arrasaría la localidad vecina de la Seu d'Urgell, sede del futuro copríncipe.

805 Carlomagno crea la Marca Hispánica y, según la leyenda, concede Carta Pobla o especie de fueros a los andorranos por la colaboración en la lucha contra "el infiel".

839 La primera vez que se cita por escrito Andorra y sus seis parroquias es en el Acta de Consagración de la Catedral de Urgell: Valle Handorrensis (Valle del Valira andorrano), Lauredia (Sant Julià de Lòria), Andorra cum Santa Columba (actual Andorra la Vella y Santa Coloma), Maciana (La Massana), Hordinaui (Ordino), Hencamp (Encamp) y Kanillaue (Canillo).

1133 Ermengol VI de Urgell, conde de Urgell, cede todos los derechos de Andorra al obispo de Urgell, Pere Berenguer.

1208 El conde de Foix contrae matrimonio con Ermesinda de Caboet i Castellbó que tenían los derechos judiciales, políticos y militares sobre el actual Principado, iniciándose una serie de disputas entre los condes de Foix y el obispado de Urgell. En esta época tiene esplendor artístico el románico y la construcción de numerosas iglesias, ermitas, puentes e inicio de construcción de cruces de término.

1278 Firma del Primer Pareatge, sentencia arbitral para evitar estos conflictos promovida por la Corona de Aragón y firmada por Roger III de Foix y Pere d'Urg, obispo de Urgell.

1288 Firma del Segon Pareatge que ratifica con el poder real y la bula papal los derechos de ambas partes y de hecho el germen de la nación andorrana como coprincipado: el conde de Foix (siendo depositario el actual presidente de la República Francesa) y el Obispo de Urgell hoy en el Reino de España.

1419 Creación del Consell de la Terra formado por dos o tres representantes de las seis parroquias para defender los intereses locales.

1448 Fecha que da origen al comercio en Andorra cuando Gastón IV de Foix faculta de mercado a Andorra la Vella, privilegios comerciales confirmados por los reyes de Francia depositarios del poder condal.

1789 La Revolución Francesa tendrá influencia en reformas feudales sobre el Principado aunque este carácter perdurará en normas y costumbres hasta bien entrado el siglo XX. Es el origen de dos tendencias políticas: la reformista (mal vista desde el obispado de Urgell) y la conservadora.

1806 Napoleón aceptará los derechos feudales a los que Francia renunciará tras la Revolución Francesa y respetará los fueros de los microestados no solo de Andorra sino de otros como Mónaco, Liechtenstein y San Marino, que incluso le ofrecerá salida al mar.

1868 Nueva Reforma aceptada, tras un tiempo de disturbios, por el obispo de Urgell. Se regula el derecho al voto y la representati-

▲ Placa conmemorativa de la firma de Pareatges, en la Casa de la Vall.

División administrativa

El acta de consagración de la catedral de Urgell data del año 839. En ella ya se hacía referencia explícita a Andorra con alusión a las parroquias. Constituyen la base de una organización administrativa medieval que ha perdurado hasta nuestros días.

La parroquia tiene atribuciones que van más allá de la jurisdicción meramente civil, pues también contempla la jurisdicción eclesiástica. El sacerdote parroquial es nombrado por el obispo de la Seu d'Urgell y además de la asistencia espiritual a feligreses, antaño también ostentaba el control de los registros de población. La parte administrativa se rige por el Comú, un consejo con diversas competencias y atribuciones que sobrepasan las funciones características de un municipio.

▲ Sellos postales de 1938, con el escudo andorrano.

vidad política del Consell General de les Valls d'Andorra. Es figura destacable de esta época el síndico Guillem de l'Areny de Plandolit.

1913 El obispo Joan Benlloch inaugura la primera carretera que unía la capital con la sede episcopal en la Seu d'Urgell. Hasta entonces se accedía a pie o a lomos de caballos y mulas.

1933 Se amplía la carretera hasta el Pas de la Casa y Francia. Se obtiene el sufragio universal masculino con la oposición eclesial. Las mujeres no votarán hasta 1970.

1950 Andorra comienza un vertiginoso proceso de desarrollo, al no intervenir en las guerras mundiales y en la civil española. Se impone un incesante sentido comercial al amparo inicial del contrabando que tendrá su freno con la incorporación de España en la UE.

1981 Decreto de Reforma política que hará entrar al Principado en la órbita de las naciones modernas. Año después entra en funciones el primer gobierno andorrano encarnado en la figura de Òscar Ribas Reig.

1993 Aprobación de una nueva Constitución que define a Andorra como coprincipado parlamentario con la separación de los poderes legislativo y ejecutivo.

1994 Ingreso de Andorra en el Consejo de Europa y la ONU, con el catalán como lengua de uso en el organismo.

2000 Auge del turismo bajo el paraguas inicial del deporte blanco, Andorra atrae a mercados como España, Francia, Portugal, Gran Bretaña, Benelux, Rusia...

2009 Construcción del túnel de las Dos Valires en el que fallecen ocho obreros portugueses (uno de los principales colectivos de emigrantes) tras el derrumbamiento de tierras.

2011 Victoria electoral del partido de centroderecha Demòcrates per Andorra con un 55 por 100 de los votos (20 escaños). El jefe de gobierno o cap de govern es Antoni Martí.

2014 Con la proliferación de casos de corrupción, se vuelve a abrir el debate sobre los paraísos fiscales, una vez liberalizada la banca en Andorra. En el Principado se vela por el secreto bancario y no hay el impuesto sobre la renta.

2021 Sigue la polémica sobre el paraíso fiscal cuando famosos *youtubers* fijan su residencia en Andorra para no pagar impuestos.

Naturaleza y paisaje

El país del agua: ríos y estanys

Andorra es un país abierto al sur y a la cuenca mediterránea de la que recibe cierta influencia climática. El norte es un espacio encerrado por altos macizos montañosos donde prácticamente no existen pasos naturales exceptuando el Pas de la Casa. Existen también excepciones de pasos naturales en el oeste (límite con la comarca catalana del Pallars Sobirà) solo aptos para excursionistas. Esta barrera montañosa del Pirineo Axial decrece en altitud progresivamente, conforme se va acercando al sur, con la depresión de La Cerdanya.

Los cursos fluviales son los característicos del Pirineo con ríos caudalosos que van de norte a sur, pasando por espacios angostos entre montañas. El curso del Valira muestra forma de "Y" griega: la vertiente oriental la forma el valle de Soldeu (Valira Oriental) y la parte occidental está formada por el Valle de Ordino o Valira del Nord, que confluyen en un valle algo más amplio, el Gran Valira.

▲ Oso pardo en Naturlandia.

▲ El agua del Valira riega el paisaje de Andorra.

Las diferencias altimétricas son acusadas para un país de estas dimensiones, con una altura media de unos 2.000 m con diversas cumbres que superan los 2.900 m. La cumbre más elevada es el Coma Pedrosa con 2.942 m. Los valles andorranos se formaron en la Era Terciaria aunque su fisonomía actual es fruto de los glaciares del Cuaternario que moldearon los relieves pirenaicos y crearon, en general, un paisaje de carácter agreste. En el Cuaternario, el hielo cubrió buena parte del territorio andorrano llegando hasta la localización actual del puente de la Margineda, a la entrada de la parroquia de Andorra la Vella.

▲ Arroyo en el Vall d'Incles, uno de los más bellos del Pirineo.

Algunos valles glaciares quedaron suspendidos sobre el valle principal del Valira como ocurre con el Valle del Madriu.

En la cabecera de los valles se formaron circos glaciares rodeados de paredes montañosas y ocupados en algunos casos por lagos o estanys de gran belleza paisajística, como el Circ de Pessons, el estany Illa (Vall de Madriu), los estanys de la Coma d'Ensagents, los de l'Angonella, el Circ de Tristaina o los estanys de Juclà. Son escenarios naturales de escaso impacto humano cuya soledad y armonía contrastan con el bullicio y el urbanismo desordenado del fondo de los valles.

En invierno los lagos o estanys desaparecen bajo un manto blanco para volver a aparecer rompiendo una espesa capa de hielo en mayo y junio. Es cuando la cuenca del Valira lleva su máximo caudal por el aporte de la nieve fundida.

Clima de alta montaña mediterránea

El clima andorrano es el característico de alta montaña: alpino o subalpino dependiendo sus características y rigurosidad en función de la altitud. El verano es seco con temperaturas suaves menores a las zonas litorales y prelitorales mediterráneas y por supuesto, menos sensación de humedad. Es un clima ideal con cielos azules y con unos 23 ºC de temperatura media para realizar excursiones. Existe, eso sí, una gran oscilación térmica entre el día y la noche e incluso de un día a otro. Pueden ser habituales las tormentas al hallarse en el límite de la cuenca hidrográfica atlántica y su exposición a borrascas. Las estaciones de primavera y otoño suelen ser más cortas.

El invierno es frío con temperaturas medias, en la alta montaña, inferiores a 0 ºC. Sensación que se acentúa con el alto porcentaje de nieve que cae en zonas altas de montaña. Al ser valles bastante cerrados, la insolación invernal es menor y con ello la sensación de frío se acentúa. Todo esto fomenta la imagen de la Andorra blanca con pistas de esquí abiertas desde finales de año a principios de la primavera.

Riqueza de flora y fauna en sus tres grandes espacios naturales

Buena parte del territorio andorrano está bien preservado, así lo demuestran la existencia de tres parques naturales: el Parque Comunal de les Valls de Comapedrosa, el Parc Natural de la Vall de Sorteny y la Vall del Madriu-Perafita-Claror, al sur y que es también Reserva de la Biosfera con su intacto paisaje colmado de estanys.

Una tercera parte del territorio andorrano está por encima de los 2.200 m: se trata del dominio de prados alpinos donde prosperan solo especies arbustivas como el rododendro, el enebro y el mirtilo, así como algunas gramíneas. Este entorno es especialmente bello en primavera y sobre todo en verano, cuando florecen especies como la genciana alpina, la margarita de montaña, el ranúnculo y el regaliz de montaña con sus flores rosadas. En altitudes inmediatamente inferiores domina el bosque de pino negro, algunos centenarios como demuestra su retorcido y robusto aspecto. Las cotas inferiores a los 2.000 m es ya dominio subalpino con muestras del pino rojo, tradicionalmente explotado en el Principado. En altitudes entre 1.000 y 1.500 m se halla un sotobosque de pinos rojos, abedules, abetos o robles, que eran explotados en la antigua economía rural andorrana. Esta zona es la más impactada en beneficio de tierras para la explotación ganadera. Entre los bosques que lograron evitar que sus maderas se convirtieran en carbón vegetal para las fraguas de hierro destaca el de La Rabassa, al sur.

La fauna también se adapta a los diversos estadios vegetales del país. Así especies características del estadio subalpino son el urogallo que convive con aves como la chocha perdiz, el pito negro y el piquituerto. En los ríos abunda la trucha asalmonada, que es uno de los manjares de la cocina andorrana. A partir de los 2.000 m, los isards o rebecos afrontan el rigor del clima. En estos dominios se pueden ver también colonias de marmotas, armiños o perdices blancas. Estos cielos suelen estar sobrevolados por grandes aves como el águila real, el quebrantahuesos o el buitre común que acompaña los rebaños de ovejas en sus pastos veraniegos.

▲ Estany de Mes Amunt, en la sombra de la mañana del Pic de Tristaina.

Valles urbanizados

Los valles andorranos están profundamente humanizados como demuestran el desarrollo de núcleos alrededor de la carretera principal y en la mitad sur del país al amparo del Gran Valira. Aquí se desarrolla un área prácticamente conurbada que va desde Sant Julià de Lòria pasando por Santa Coloma, Andorra la Vella (la capital) y Escaldes-Engordany. Excepto Sant Julià de Lòria, la mayor parte de las localidades ocupan viejas cubetas glaciares.

En estos lugares y coincidiendo con la capitalidad parroquial se desarrollaron a partir de la Edad Media pequeños núcleos tradicionales alrededor de la iglesia parroquial románica y la Casa del Comú (ayuntamiento). Se construían casas tradicionales más o menos grandes de dos o tres plantas y normalmente en piedra. La planta baja se dedicaba a funciones de almacén o establo. El resto de plantas eran la vivienda propiamente dicha con cubierta a dos aguas realizada con pizarra que descansaba sobre gruesas vigas de madera. La pizarra permitía el deslizamiento de la nieve y así evitar grandes concentraciones de esta en la cubierta. En algunos casos la casa disponía

Mitos y leyendas

Andorra fue un país tradicionalmente aislado y donde el rigor del clima, en invierno, hacía que la población se quedara en sus casas y en diminutos asentamientos rurales. Eso alimentaba la imaginación y la proliferación de leyendas ligadas muchas veces a la religión, a la naturaleza o al poder.

Ya en la misma historia de Andorra habla que Carlomagno declaró a Andorra pueblo soberano. O la leyenda de la Dama Blanca d'Auvinyà que no es más que un símbolo nacional ante el poder de la iglesia o el copríncipe de la Seu d'Urgell.

de una borda anexa o en las afueras del núcleo y donde antaño se trillaban los cereales.

▲ Urogallo, ave singular del Pirineo.

La revolución económica que produjo el comercio y el turismo supuso un "boom" urbanístico con construcciones modernas más elevadas que ocultaron el casco antiguo. Solo pequeños núcleos como Pal (la Massana) y Fontaneda (Sant Julià de Lòria) escaparon del fenómeno conservando su fisonomía tradicional casi intacta. En algunos casos y siguiendo el desarrollo turístico de comarcas vecinas como la Cerdanya se construyeron pletas (antiguos campos de ganado) como la de Ordino, con pequeñas urbanizaciones cercanas al núcleo y que imitan la arquitectura tradicional. A finales de siglo se han realizado construcciones vanguardistas como el singular edificio de Caldea, el Comú d'Encamp, el de Sant Julià de Lòria o el Palau de Gel de Canillo que impactan el entorno urbanístico.

La humanización llega hasta los límites del estadio alpino (unos 2.000 m) con la construcción de *bordes, cortals* y *cabanyes* de pastor, estas últimas sencillas edificaciones para el resguardo de pastores en lugares poco accesibles. Las bordes o bordas son casas de piedra sin chimenea y con dos espacios: una planta baja para el ganado y un piso elevado que funciona como secadero. Como clásico ejemplo destaca la Borda de Sorteny, ubicada a 2.150 m y actual refugio. Los cortals son conjuntos de bordas ubicados en lugares propicios para los pastos que, como los bosques, son propiedad comunal con usos reglamentados por el Consell Comunal. Un buen ejemplo son Los Cortals d'Encamp. Del antiguo paisaje agrícola que combinaba cultivos de cereales, forrajeros y tubérculos poco pervive. Solo restan algunas fincas ganaderas y los tradicionales campos de tabaco que se cultiva incluso a 1.600 m de altura.

▼ Las casas típicas se construían en piedra.

Personajes famosos

Carlomagno (742?-814)

Rey de los francos, de los lombardos y denominado el emperador de Occidente desde el año 800 al 814. Aliado del papado, combatió a los sarracenos expandiendo su territorio hacia la Europa mediterránea y central, creando el germen de lo que será el Sacro Imperio Romano. Muchos estudiosos lo consideran el padre de Europa, aunque realmente fue el fundador de las líneas dinásticas francesa y germánica. Su abuelo Carlos Martel derrotaría al califa omeya en Poitiers.

Según la historia, reconoció fueros a Andorra cuando instauró la Marca Hispánica. A este gran emperador se le dedicó el himno nacional o himno *El Gran Carlemany* en 1921. Escrito por el copríncipe episcopal de Andorra, Joan Benlloch i Vivó.

▲ Carlomagno liderando su ejército, en una minitura. Códice Calixtino (siglo XII).

▼ Napoleón, defensor de los microestados.

Napoleón Bonaparte (1769-1821)

Fue el artífice del reconocimiento de Andorra por parte de la Francia surgida tras la Revolución Francesa. Paradójicamente Napoleón, que anhelaba un gran imperio europeo, reconoció y respetó los derechos de los pequeños estados. Quizá la mayoría de actuales microestados europeos no hubieran existido de no haber gobernado este emperador. Tras el triunfo de la Revolución Francesa, los nuevos poderes rechazaron el simbólico tributo medieval o *quèstia* derivado de los Pareatges, que se pagaba en años impares a Francia y en pares a España (Obispado de Urgell). Los andorranos, vigilantes de su neutralidad y a fin de evitar un mayor poder de la iglesia de Urgell, pidieron a Napoleón que aceptase el título de copríncipe. Y así lo hizo: título que sustentó desde 1806 a 1814 cuando le sucedió Luis XVIII.

Antoni Fiter i Rosell (1706- ¿?)

Veguer episcopal de Andorra, doctor en derecho y abogado en el seno de una familia de bien andorrana: la casa Fiter-Riba. Fue autor de la obra de carácter histórico y jurídico: *Manual Digest* (1748), un interesante manual sobre los usos y costumbres, historia y órganos administrativos y de gobierno de Andorra en el siglo XVIII.

El original se guarda en el Arxiu Nacional de Andorra y supone un elemento esencial de investigación de la historia andorrana. Una copia se encuentra en el famoso armario de los Set Panys. Está dividido en seis capítulos que transcriben documentos desde la época de Carlomagno y Luis el Piadoso. Las 55 normas y consejos que resumen usos y costumbres del Principado están también comentados por el autor. Además, Antoni Fiter impulsó leyes para sacar al país del feudalismo y encaminarlo hacia una moderna democracia.

Viajeros ilustres

Muchos viajeros, con distintos fines, también se interesaron por un país tan desconocido y aislado como Andorra. Entre ellos destacan nombres como Mossèn Cinto Verdaguer, amante del Pirineo, el excursionista y conde Henry Rousell o Maurice Gourdon, que realizó las primeras ascensiones a las montañas del Principado entre 1881 y 1883.

▶ Una escena invernal en Pal, pintoresco pueblo de la parroquia de La Massana.

Francisco de Zamora (1757-1812)

Jurista y escritor recorrió Cataluña y por supuesto, Andorra, entre los años 1785 y 1790, escribiendo el *Diario de los viajes hechos en Cataluña,* que tenía como finalidad informar al gobierno de Godoy sobre la economía y política del Principado.

Guillem d'Areny-Plandolit (1822-1876)

Noble barón, político e industrial andorrano de Ordino que se dedicó a la industria del hierro. Destacó como Síndic General en la promoción de la Nueva Reforma Andorrana (1866), aceptada por el obispo de Urgell: Josep Caixal i Estradé. Esta reforma afectó a las instituciones y otorgó más libertad al Principado. La Nueva Reforma concedía el voto a todos los cabezas de familia pues hasta la fecha solo estaba en posesión de las familias ricas *(focs)* y no de las familias pobres *(casalers)*. Además la Nueva Reforma introducía novedades en las instituciones andorranas como la incompatibilidad de cargos, así como la limitación de su duración. Su casa familiar se convirtió en el primer museo de Andorra dedicado en 1935 a Museo de Zoología, y en la actualidad, a museos etnográfico, postal y sede del Auditori Nacional.

Boris de Skossyreff (1896-1989)

Curioso personaje ruso (nacido en la entonces soviética Vilnius, capital de la actual Lituania), autoproclamado rey de Andorra durante unos días allá por los años 30 con el nombre de Boris I. El aventurero ruso se estableció en Santa Coloma en una casa que todavía se la conoce como "de los rusos". Concretamente el 17 de mayo de 1934 y aprovechando el malestar social, presentó un documento al Síndic proponiendo cambiar de régimen político e introduciendo ideas progresistas con la promesa de una mejor calidad de vida para el pueblo. Estas intenciones fueron denunciadas por las autoridades locales y el 22 de mayo, el veguer francés y su homólogo episcopal decretaron su expulsión y exilio a la Seu d'Urgell, desde donde organizó su ofensiva diplomática y publicitaria para pedir unos derechos que nunca tuvo.

Fueron tan efectivas las promesas, en el por entonces inestable Principado, que el 7 de julio de 1934 el supuesto noble de Orange fue nombrado por el Consell General: Príncipe de Andorra. El 10 de julio se publicó la constitución del Estado Libre de Andorra y se disolvió el Consell General para convocar elecciones. El 21 de julio el obispo de Urgell envió al Principado cuatro guardias civiles y un sargento que acabaron con las pretensiones del ruso. En su azarosa historia que lo llevó a pasar por prisión y campos de reclusión durante la Segunda Guerra Mundial, siempre reivindicó un trono que existió por un breve tiempo.

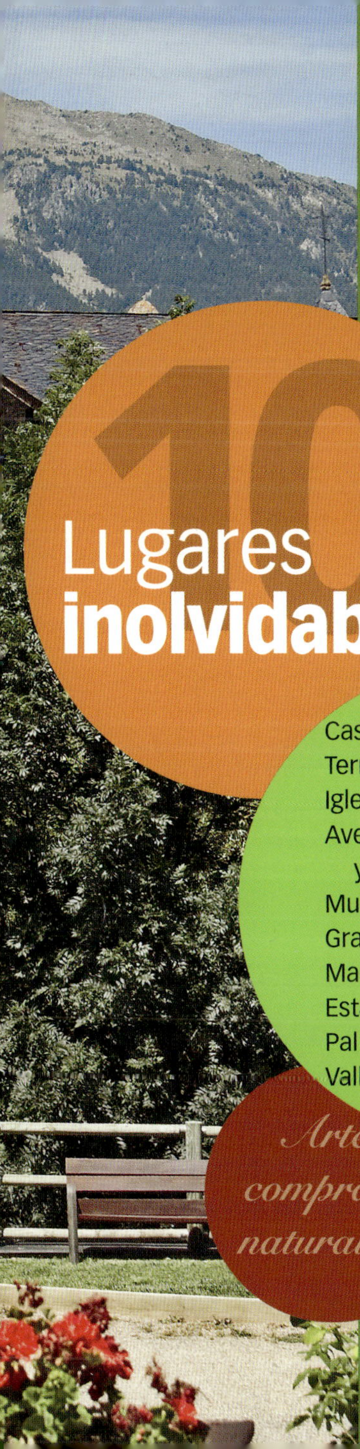

10 Lugares inolvidables

Arte, compras y naturaleza

Casa de la Vall

1

La Casa de la Vall es el edificio más emblemático y singular del Principado. Aquí se reunía el Consell General de les Valls d'Andorra y lo hizo hasta febrero de 2011 cuando se celebró la última sesión del parlamento de Andorra, ahora sito en un moderno e insulso edificio contiguo.

Info

- B1
- Carrer de la Vall, s/n AD500 Andorra la Vella
- Visita guiada obligatoria con reserva previa
- 376 829 129 Central de reservas: (+376) 839 760, museusandorra@gmail.com
- www.museus.ad
- Entrada gratuita
- Las medias sanitarias derivadas de la covid-19 pueden alterar los horarios

Se sitúa en el exiguo casco antiguo de la capital, cerca de la iglesia parroquial de Sant Esteve y sobre un asperón rocoso que mira al angosto valle del Valira. Sobre este lugar algo elevado se ha construido una enorme plaza con la silueta del contorno político del Principado que resta rusticidad al entorno. A un lado de la plaza se construyó el nuevo edificio del Consell General de aspecto vanguardista y donde está presente la piedra.

La casa es un edificio antiguo de 1580 que perteneció a una de las familias más adineradas del Principado: los Busquets. Fue adquirida en 1702 para convertirla en sede del Consell General de les Valls d'Andorra. Delante de la fachada, en la actualidad a un lado, se halla un motivo folclórico que conmemora la Segunda Reforma y representa el *contrapàs* o baile típico andorrano. En la parte lateral del edificio se ubica también una escultura que recuerda a los *pareatges*. En los jardines posteriores se levanta el palomar de la torre, así como esculturas conmemorativas modernas.

El recio y consistente edificio es de planta ligeramente rectangular y tiene dos alturas. Los dos baluartes existentes en ambas esquinas le dan un cierto aspecto defensivo de casa fuerte. Antiguas fotografías informan que falta uno de sus baluartes.

La puerta principal está rematada en arco de medio punto con sillares adovelados sobre los cuales se halla el escudo actual de Andorra. Si se observa en el lateral existe otro más antiguo del siglo XV incrustado en el muro. El actual muestra en la parte superior y a la derecha la figura del báculo y la mitra que hacen referencia a los símbolos del Condado de Urgell y en concreto el obispado. A la izquierda aparecen las tres barras que representan al condado de Foix. En la parte inferior derecha aparecen las cuatro barras de las casas condales catalanas y al la izquierda, las vacas que simbolizan el vizcondado de Bearn. En definitiva los símbolos antiguos de los actuales herederos los copríncipes español y francés. Al pie del escudo aparece la inscripción latina: *"Virtus Unita Fortior"* o "la unión hace la fuerza". En la parte superior una inscripción viene a decir: "He aquí las armas de un valle neutral, hay reinos más nobles que para nuestro gozo nos guardan. Si individualmente

▼ Escudo antiguo.

▲ Vistas del exterior, la entrada y el interior.

bendicen a otros pueblos, ¿por qué al unirse no han de ofrecer a Andorra, una era dorada?".

Entre otras salas decoradas con pinturas de carácter sacro y frescos góticos con escenas de la pasión de Cristo, destaca lo que fue la sala de sesiones del Consell General. Era el espacio de reunión de los 24 consejeros (cuatro por cada parroquia), el secretario general y el nuncio. Frente a la sala existe una **capilla,** levantada en el siglo XVI dedicada a San Armengol y el curioso **armario de las siete llaves,** donde se guardan los documentos más importantes del Principado y comúnmente no se puede hablar si no están presentes con sus llaves los representantes de las siete parroquias.

En la parte inferior del edificio se halla el **Tribunal de Corts,** donde se ejercía la más alta autoridad judicial del país actuando como única voz de la jurisdicción episcopal y francesa. Aquí eran juzgados reos en un país de herencia medieval donde la pena de muerte, normalmente no aplicada, no se abolió hasta la Constitución de 1990. Antes de la construcción de la actual plaza existía una pequeña cárcel en un país muy tranquilo donde los asesinatos y penas graves eran muy poco comunes.

Termas de Caldea

2

Caldea es uno de los espacios lúdicos termales más grande del mundo. Se ubica sobre una de las fallas, que atraviesa el río principal y desde donde emanan aguas calientes sulfurosas, ya conocida desde tiempos romanos.

Info

- B4
- Avenida Carlemany, s/n, junto a la Plaça del Parc de la Mola, Engordany
- 902 932 025/ 376 800 999
- 10-22 h, sáb 10-23 h; los sábados a partir de julio, del 1 al 31/08/21, el 10, 11 y 31/10/21 hasta las 23.59 h
- www.caldea.com
- Debido a la covid-19 se debe de comprobar horarios y accesos

Las fuentes termales ya se intentaron explotar en el año 1866 cuando se pidió permiso al Consell General para edificar un balneario donde además estuviese permitido el juego; cosa que por supuesto no se permitió por estar mal visto por el obispado de Urgell. Se llegaron a crear pequeños balnearios y hoteles que aprovecharon los beneficios de esta agua rica en minerales hasta la creación del monumental complejo termal de Caldea.

El edificio esencialmente de cristal destaca y se reconoce desde cualquier punto de la ciudad: una gran estructura de líneas atrevidas, basada en grandes y esbeltas pirámides, conforman su estructura; conjuga verticalidad con formas sobrepuestas de aristas cortantes. Se trata de una obra de Jean Michel Ruols, construida en la misma intersección de los dos Valiras, con una superficie de 25.000 m^2 de los cuales unos 6.000 m^2 se

dedican al mundo del termalismo. Prácticamente todas las paredes son de vidrio con vistas panorámicas al valle. Ofrece todo tipo de posibilidades, desde los clásicos baños fríos y calientes a los baños turcos e indorromanos; del placer del jacuzzi oriental a los efectos visuales y olfativos de los baños perfumados con cítricos flotantes.

Existen dos espacios diferenciados: el **espacio termolúdico,** con sus modernas piscinas y chorros de agua a diferente presión, aguas burbujeantes y lagunas interiores, y la **laguna exterior,** que tiene una temperatura que se acerca a los 34 °C por lo que en momentos de nieve y frío supone un fuerte y exótico contraste. Cuenta con un espacio de ejercicio que incluye diferentes tipos de baños: islandés, sirocco, hamman, aquamasaje, sauna y espacio relajante de luz de Wood, así como áreas de descanso. El **espacio Orígenes** recrea ambientes relajantes tales como el baño azteca, romano, con pomelos... y dispone también de sauna, solárium, hamman y relajantes camas de agua. En el **Centre Wellness INÚU** se propone un novedoso concepto de bienestar que tiene como objetivo lograr el equilibrio entre el cuerpo y la mente: "Cinco mundos (áreas temáticas), una actitud".

▲ Piscina termolúdica interior.

▼ Las picudas estructuras de cristal se divisan desde muchos puntos del Principado.

Iglesia de Santa Coloma

3

A la entrada, en el tradicional y bien conservado pueblo de Santa Coloma, se halla esta emblemática iglesia románica con su original campanario redondo, famoso porque aparece acuñado en los euros del Principado. Es el mejor exponente de la arquitectura religiosa y del románico andorrano.

Info

Santa Coloma, AD500 Andorra la Vella

Oficina de Turismo de Andorra la Vella

376 873 103

turisme@comuandorra.ad, www.andorralavella.ad

Visita gratuita

Visitas guiadas de julio a septiembre

Las medias sanitarias derivadas de la covid-19 pueden alterar las visitas

La iglesia, que antes estaba escondida entre campos de tabaco, huertos y casas, hoy se contempla en todo su esplendor desde la misma carretera gracias a la construcción de un gran aparcamiento. Se accede por un notable patio de losas hasta un coqueto y rústico **porche** del siglo XVI, que protegía a los lugareños de las inclemencias del tiempo. La sencilla puerta de entrada en arco de medio punto tiene un discreto decorado en diente de sierra y una cruz en la parte central del arco, una de las pocas decoraciones exteriores que incluye dos cabezas bajo el tejado del campanario. En el muro de poniente se abre una considerable ventana realizada con arco de medio punto y otra más pequeña en la parte del ábside.

El edificio de origen prerrománico se cita en el acta de consagración de la catedral de Urgell y consta de una sola nave de planta rectangular cubierta con originales andamios de madera a dos aguas y un ábside cuadrangular. En el siglo XII se añade un **campanario lombardo** circular de cuatro pisos de 18 m de altura. Presenta ventanas geminadas por cada punto cardinal insertadas en arquillos lombardos. Los restos de pintura con motivos geométricos en el campanario hacen pensar que el exterior estaba pintado. Las restauraciones realizadas en 1976 y 1977 restituyeron las formas originales sin que se perdiese el encanto primitivo de su rusticidad.

En el interior del edificio existe un **arco de triunfo** visigodo y una estructura de madera original que sustenta la cubierta. Estaba decorado con pinturas murales románicas realizadas por el mestre de Santa Coloma, artista que vivió en el siglo XII y que tuvo influencias de otros maestros del arte románico de Cataluña como el mestre de Pedret o el de Urgell. Se trata de figuras hieráticas muy estilizadas y que reflejan una expresión muy penetrante. Estas pinturas fueron robadas antes de la Guerra Civil española, luego pasaron por el Museo Estatal Prusiano de Berlín. El gobierno andorrano las recuperó en 2007.

Actualmente, dentro de la iglesia solo queda el *Agnus Dei* flanqueado por dos ángeles y la decoración geométrica que enmarca el arco. También se conserva una talla de madera policromada (fruto de la restauración) de la *Mare de Déu del Remei* (siglos XII-XIII) y un retablo barroco (siglo XVIII) dedicado a la patrona de la iglesia.

▶ Tras la restauración y arreglo del entorno, el coqueto templo románico luce en todo su esplendor.

El pueblo de Santa Coloma

El emplazamiento del templo permite disfrutar del núcleo antiguo de Santa Coloma, donde se puede descubrir construcciones tradicionales en su calle principal, así como la **Torre dels Russos**, proyectada por César Martinell, de estilo modernista, uno de los ejemplos de la arquitectura del granito en Andorra.

Avenidas Meritxell y Carlemany

4

Info

http://visitandorra.com/es/

Las medias sanitarias derivadas de la covid-19 pueden alterar los horarios de los comercios

Son las arterias más cosmopolitas y comerciales del Pirineo donde encontrar cualquier producto a un precio, en general, atractivo dado el menor gravamen impositivo existente en el país.

La avenida Meritxell es el centro neurálgico de la capital de Andorra y el primer núcleo de desarrollo comercial del Principado. En esta animada arteria que desemboca en el casco antiguo, por un lado y en la avenida Carlemany, ya en Escaldes-Engordany, por otro, es un lugar de alojamientos tradicionales pero también de un sinfín de tiendas esencialmente de electrodomésticos, deportes y ropa deportiva, moda, perfumería, fotografía, informática, ópticas... que están abiertos casi todo el día y prácticamente todos los días del año. En

▲ Avenida Meritxell en Andorra la Vella, poblada de tiendas y centros comerciales.

la avenida Meritxell también se encuentra el tradicional **centro comercial Pyrénées** que además del reclamo del tabaco, ofrece todo tipo de productos.

Cuando se cruza el moderno Pont de París o Pont de la Rotonda, que atraviesa el caudaloso Valira, se entra en la parroquia de Escaldes-Engordany y el área más vigorosa: la avenida Carlemany con espacios, si cabe, más modernos y diversos que la anterior arteria. Aquí se pueden encontrar tiendas de moda de primeras marcas, perfumerías, joyerías y relojerías, tiendas de deporte, música, zapaterías... sin olvidar temas gastronómicos (quesos y vinos) y grandes superficies comerciales donde encontrar de todo. Destacar por su modernidad el **espacio comercial Illa Carlemany.** Los comercios más modernos conviven con los más tradicionales ubicados esencialmente en la parte alta de la avenida. La avenida también tiene espacio para la cultura y el entretenimiento con interesantes y desconocidos museos como el del Perfume (▶57), el Centre d'Art d'Escaldes-Engordany (▶57) o el novedoso Centre d'Interpretació de l'Aigua i del Madriu (▶58).

Museu del Tabac

Es curioso como, en un país de montaña, uno de los productos estrella sea el tabaco. En el museo dedicado a este tradicional cultivo, a través de una excelente presentación multimedia, se descubre el desconocido mundo del tabaco y su peculiar comercio en el Principado.

5

En la actualidad todavía se cultiva tabaco en las escasas zonas planas de las parroquias medias y bajas del Principado principalmente en Sant Julià de Lòria. Es en el centro de **Sant Julià de Lòria,** cerca del moderno Palau de Congressos y la Universidad de Andorra, donde se halla este gran edificio en piedra de principios del siglo XX. Funcionó como fábrica de tabacos: marca *Reig* entre 1909 y 1957. La visita se desarrolla a través de un sistema multimedia, donde los sentidos guían la visita.

La visita empieza en un secadero de tabaco con su olor característico. A partir de aquí se explican los diversos procesos de trabajo, la manufactura de los productos y su comercialización. En salas superiores se exponen herramientas, máquinas, mobiliario e incluso aromas utilizados en las fábricas de tabacos durante la primera mitad del siglo XX. En la última planta también se habla del contrabando que supuso un sustento básico para muchos campesinos andorranos.

Hace más de 200 años esa planta de origen americano ya se cultivaba en Andorra. En el siglo XIX con la Revolución Industrial se acabó con la mayor parte de las pocas y pequeñas industrias del país. La desocupación y el hambre acecharon al pequeño país que no tuvo otra salida más ventajosa que el contrabando. El tabaco andorrano libre de impuestos se vendía en pueblos limítrofes a precios más bajos. Así apareció la figura del *paquetaire* que se ilustra en el museo. Figura que correspondía normalmente a un campesino conocedor de las montañas y que combinaba sus actividades agrícolas y ganaderas con el tráfico de este y otros productos. De sus historias con burros cargados por vertiginosos senderos y sus escaramuzas con los guardias de frontera siempre se ha hablado, no solo en los pueblos andorranos si no también en las vecinas comarcas de Arieje (Francia) y Alt Urgell y Cerdanya (España). El edificio dispone de cafetería y tienda de recuerdos así como unas salas de exposiciones temporales principalmente de temas artísticos referentes al Principado.

En verano es fácil observar en la mitad sur del Principado la recolección del tabaco. Las grandes hojas se recolectan por braceros y se secan artesanalmente, en la parte superior de las bordas.

Info

- C. del Doctor Palau, 17, AD600 Sant Julià de Lòria
- 376 741 545
- info@museudeltabac.com, www.museudeltabac.com
- Mar.-vie. 9-18.30 h (última visita a las 17.30 h); sáb. 10-20 h (última visita a las 18.30 h); dom. 10-14.30 h (última visita a las 13 h)
- Los horarios pueden variar por la covid-19

▼ Exposición del Museu del Tabac.

Grandvalira

6

Grandvalira supone el dominio esquiable más extenso del Pirineo con más de 200 km de pistas. Es un lugar idóneo para disfrutar del deporte y el paisaje pirenaico nevado en todo su esplendor.

Dispone de 118 pistas de todos los niveles *(forfait* único) y un total de 210 km esquiables gracias a la fusión en 2003 de las históricas estaciones de esquí de **Pas de la Casa-Grau Roig** (fundada en 1956) y **Soldeu-El Tarter** (fundada en 1964). Todas ellas en el Valira Oriente que comunica con Francia. En poco más de 10 años de existencia se ha hecho una fuerte inversión en creación de remontes para evitar colas y han llegado a una capacidad de acogida de 100.000 esquiadores por hora. Por otro lado la creación de cañones de nieve permite disfrutar de un 65 por ciento de territorio nevado artificialmente. Eso ha permitido también que se puedan celebrar competiciones mundiales como la Copa del Mundo de velocidad en 2013. Hay una escuela de esquí con numerosos profesores y se pueden hacer actividades como el esquí de fondo, motos de nieve, raquetas, mushing (trineos arrastrados por perros) e incluso disfrutar de un iglú hotel.

El recorrido más espectacular se realiza desde **Encamp** (1.250 m) en un recorrido que dura 15 minutos hasta las pistas bajo la Collada d'Enrador a 2.511 m de altitud. Un paisaje plenamente alpino nevado durante buena parte del año y que tiene un excelente solárium mirador donde desconectar del mundanal ruido. Un último acceso se realiza desde **Pas de la Casa,** un antiguo enclave turístico situado a 2.050 m, en la vertiente francesa, pasando el Port d'Envalira y perteneciente a la parroquia de Encamp.

Info

www.grandvalira.com

Oficina de Turismo de Canillo
Avda. S. Joan de Caselles
376 753 600
Lun-vier 8.30-17 h
vdc@canillo.ad, www.vdc.ad

Oficina de Turismo de Encamp
Pl. del Consell,1
376 731 000
turisme@encamp.ad

Funicamp
Carretera CG-2
376 834 011
turismefunicamp@encamp.ad
De 10-17 h

Oficina de Turismo El Pas de la Casa
Avda. Consell General, s/n
376 755 100/ 856 547
turismepas@encamp.ad
www.encamp.ad

Hay que informarse sobre las modificaciones provocadas por la covid-19

Valle del Madriu-Perafita-Claror

7

Este Parque Natural, Reserva de la Biosfera, es el más extenso del país. Ocupa los valles glaciares de los ríos Madriu, Perafita y Claror en una de las zonas más vírgenes y naturales del Pirineo.

En 2004 la Unesco declaró Patrimonio de la Humanidad al espacio natural comprendido entre el Valle del Madriu y sus tributarios el río Perafita y Claror que ocupa un espacio singular deshabitado y usado tradicionalmente para las actividades ganaderas. Este espacio de singular valor ecológico y paisajístico permite observar los cambios de vegetación en alta montaña, fuentes y arroyos de agua y los lagos situados en la cabecera del valle y la parte meridional conlindante con la Cerdanya. Desde la **Oficina de Turismo d'Escaldes-Engordany** se han organizado varios recorridos que son aptos para toda la familia y que permiten conocer la riqueza en flora, fauna y paisaje del parque natural. Uno de los más populares se denomina "**La Magia de la Natura**" y propone recorrer un tramo del río Madriu y parte del camino empedrado del valle paseando por un espeso bosque y visitando **fuentes** como la del **Boïgot** y **Pixadera**.

Un segundo itinerario se introduce en el valle del Madriu en unos 10 km y salvando 300 m de desnivel. El itinerario "**Fontverd**" permite conocer los cambios de vegetación: estadios montano, subalpino y alpino. Pasa por los **Cortals de Ràmio** donde conocer las construcciones tradicionales de la actividad ganadera andorrana.

También un itinerario acto para la familia es el "**Agua de Perafita**" visita el sector suroeste del parque siguiendo un atractivo sendero de unos 10 km y que salva casi 1.000 m de desnivel mostrando los lugares modelados por la erosión fluvial de los ríos de Perafita y Claror.

Info

Oficina de Turismo d'Escaldes-Engordany
Plaza Santa Anna, s/n
376 890 881
oficinaturisme@e-e.ad, www.e-e.ad

▲ El río Perafita en su recorrido atraviesa preciosos bosques bien conservados.

Estanys de Tristaina

8

Andorra está ocupada por cumbres elevadas del Pirineo donde son habituales los lagos de origen glaciar, unos de los más bellos y de más fácil accesibilidad son los de Tristaina.

Situados en el extremo noroccidental del Principado y pertenecientes a la parroquia de Ordino, los lagos de Tristaina están colgados a una altura de unos 2.300 m. Conocidos también como Circ de Tristaina se trata de tres lagos de diferente tamaño conectados pero escalonados a diferente altura.

La excursión se puede realizar desde la **Font del Castell**, aunque es más habitual subir en coche hasta el restaurante, donde se encuentra perfectamente señalizado este popular sendero, que no se puede realizar en invierno por la existencia de espesas capas de nieve, que por otra parte esconde gran belleza natural.

Se trata de unos lagos de origen glacial cuyo acceso presenta baja dificultad partiendo de 2.200 m hasta alcanzar los poco más de 2.300 m del tercer lago en un recorrido de unos 2 km a realizar de manera sosegada. Normalmente y para disfrutar de la flora y el paisaje esta excursión se realiza principalmente en verano en algo más de 2 horas (ida y vuelta) para llegar al primer lago. El primer lago es el más pequeño: **Primer de Tristaina,** y se encuentra a 2.249 m. En él se pueden observar

Info

- Algo más de 2 horas (a paso sosegado)
- Unos 4 km de recorrido ascendiendo una cota desde 2.200 m a 2.300 m. Está bien señalizado.

▼ Vista del estany del Mig de Tristaina.

grandes truchas. Se bordea su ribera por la derecha hacia Les Planes y se asciende por la vertiente del **Pic de l'Arbella,** de 2.766 m de altura. Desde aquí en poco tiempo y cruzando el río Tristaina se llega a la segunda cubeta, un lago algo más grande denominado **estany del Mig de Tristaina** a 2.287 m. Se continúa suavemente hacia la derecha para alcanzar el vecino **estany de Dalt de Tristaina** o Més Amunt (2.305 m), que es el más grande y bello, sobre todo a finales de primavera y principios de verano cuando los campos son verdes y florecen una gran variedad de flores de alta montaña.

Desde aquí se pueden hacer excursiones para excursionistas más experimentados: al Pic de Tristaina (2.878 m) o al Pic Petit de l'Estany Forcat (2.821 m) desde donde se obtienen magníficas vistas panorámicas de buena parte de Ordino y las parroquias altas.

El recorrido es pues recomendable para familias con niños ya que existen paneles interpretativos del paisaje, la flora y la fauna desde la salida junto a la CS-380 junto al río de la Coma del Forat (Arcalís). Es fácil observar especies como el armiño, sin olvidar otros mamíferos que escalan las zonas más pedregosas como los rebecos conocido en catalán como *isards*.

Junto a Arcalís existen más lagos glaciares de gran valor natural y paisajístico, como el Estany Creussans, el Estany Esbalçat o los de l'Angonella.

▲ Estany de Més Amunt, el mayor de ellos y el segundo más grande de Andorra.

▼ Excursionistas en el Estany Primer.

Pal

Sin duda alguna el conjunto urbano mejor conservado del Principado. Una de las estampas más evocadoras y emblemáticas de Andorra con sus grandes casas, bordas y la iglesia románica de Sant Climent de Pal.

9

Se trata de un pueblo armónico y bien conservado que nos transporta a la Andorra medieval aunque nos despiste la excelente conservación, la falta de actividad agraria, la señalización de algún restaurante o la existencia de una pequeña urbanización. El pueblo se extiende por la ladera de la solana con casas que todavía conservan sus bordas anexas, algún huerto y establo que indican la persistencia de la vida agraria. Las casas nuevas se han habilitado siguiendo la arquitectura del conjunto donde la piedra y la cubierta de pizarra son elementos característicos. El núcleo se funde en un paisaje natural de pequeños y verdes prados rodeados de bosques, más oscuros, de coníferas y con pequeñas manchas de un verde más claro, de abedules, fresnos y robles. En invierno un manto blanco puede llegar a cubrir todo el núcleo: entonces el pueblo parece una estampa navideña.

Su edificio más notable es **iglesia de Sant Climent de Pal** que, si bien ha sufrido transformaciones, conserva su primitiva estructura románica de finales del siglo XI. El templo tiene planta rectangular con cabecera orientada a levante. Su ábside cuadrado se añadió en el siglo XVII sustituyendo al antiguo románico. La puerta de entrada se abre a mediodía y está protegida por un pórtico cuyo acceso se encuentra a poniente, bajo un arco de medio punto y un friso decorado en diente de sierra, construido en el siglo XX por el arquitecto Cèsar Martinell

En el conjunto destaca el **campanario** románico lombardo, uno de los más interesantes del país y que presenta gran similitud con Sant Julià de Lòria. Consta de tres pisos con ventanas geminadas y arquillos lombardos en el segundo y tercer piso. La cubierta es de tipo piramidal cubierta de viejas losas de pizarra. El interior alberga una pila bautismal románica, dos cruces procesionales en madera policromada del siglo XII y un interesante retablo barroco de 1709 situado en el altar mayor, representando escenas de la vida de San Clemente, patrón de la iglesia. De hecho, se adapta perfectamente al ábside, que fue construido entre finales del siglo XVII y principios del XVIII. Aquí también se venera la *Mare de Déu del Remei*, talla románica del último período del románico (siglo XIII) policromada que se conserva en buen estado.

Info

Iglesia de Sant Climent

- Sant Climent, Era i Ereta Torres, Pal, AD400 La Massana
- Del 1 de jul. al 31 de ago., de mar.- sáb. de 10-14 h y de 15-18 h, dom., 10-4 h.
- 376 839 760/ 839 555
- museusandorra@gmail.com www.museus.ad
- Hay que informarse sobre las modificaciones provocadas por la covid-19.

◄ El núcleo de Pal con el campanario lombardo de Sant Climent destacando entre el caserío.

Vall d'Incles

10

Ubicado al norte de la vieja parroquia de Canillo se trata de uno de los valles de alta montaña más bucólicos y bellos de Andorra. Un paisaje donde la armonía entre la naturaleza y la acción agrícola del hombre es sublime. Ideal para iniciar bonitas excursiones a algunos de los espectaculares lagos andorranos como el Juclar.

Info

- 3,5 horas (a paso sosegado)
- 5,5 km de recorrido desde el inicio de la pista a la confluencia de los ríos de Juclar y torrente de Siscaró. Poca pendiente.

Pasado el núcleo urbano del Tarter, con las pistas de esquí enfrente y San Pere, por la CG-2, en el km 18, justamente en el extremo de la curva, se abre un camino asfaltado, la CS-270 (no abierto al público todo el año), que sigue este característico valle andorrano. Es quizá uno de los lugares más interesantes para hacer excursiones. Se trata de un valle típicamente alpino pero trasladado a las dimensiones más modestas del Pirineo. Los verdes prados de gramíneas se suceden a lo largo del río Incles, solo alterados por algún robusto ejemplar de pino y abeto o alguna construcción de carácter agrario. Entre las especies vegetales se puede encontrar la genciana amarilla, cuyas raíces se utilizan para dar un toque amargo a algunas bebidas.

Incles es uno de los valles más amplios y horizontales del Principado, pues supone una especie de cubeta de origen glaciar con una parte solana más rocosa y accidentada y una parte umbría con mayor número de árboles. El sotobosque es rico y puede colonizar hasta el borde del río y sus tributarios arroyos. En la parte solana, antes de llegar a los macizos montañosos, los

▼ Ermita románica en las Bordes d'Incles.

▲ El río Juclar en la época del deshielo.

prados se prolongan más en una llanura progresivamente inclinada. Los bosques acompañan a los prados hasta los 2.000 m cuando empieza un dominio alpino más rocoso y escarpado. Es posible ver abedules entre multitud de coníferas donde reina el pino rojo. Cerca del río, que baja sin demasiada prisa, otras especies vegetales acompañan su curso, como el musgo, helechos, orquídeas salvajes, saxífragas, etc.

El recorrido pasa cerca de una pequeña **ermita neorrománica** y un grupo de construcciones conocidas como las **Bordes d'Incles.** Poco después el río parece detenerse junto a una zona de acampada donde las vistas son cada vez más agrestes. Entre esas paredes montañosas en cubetas, cerca de las cumbres, existen importantes lagos como el **estanyó de Querol,** las **Basses de les Salamandres,** el **estany de la Cabana Sorda** (existe refugio), el **estany de l'Isla,** o siguiendo el río Juclar, uno de los lagos glaciares más grandes de Andorra: el **estany de Juclar** (también con refugio). La pista lleva a una gran casa solariega con torre y diversos edificios y acaba en un puente junto a una área de acampada. La pista no asfaltada se prolonga 1 km más hasta la confluencia del río Juclar y el Siscaró. Aquí nacen dos caminos que llevan, a cotas superiores a los 2.300 m, hasta el refugio de Siscaró a la derecha, y el refugio de Juclar a la izquierda. Estas excursiones señalizadas requieren una cierta preparación, por lo que se recomiendan a excursionistas experimentados.

Visita a Andorra

Joya del Pirineo

Andorra la Vella y su entorno

Cuando se llega a Andorra, se tiene la sensación de entrar en un sinfín de bazares encadenados, pues ese el primer contacto que suele tenerse con este país pirenaico. Tan poderosa es la fama de la "Andorra de compras" que hace que algunos ni siquiera sigan adelante. Sin embargo cabe advertir que la capital solo es el comienzo, el punto de partida para conocer los muchos atractivos que nos ofrece el Principado, como una naturaleza de alta montaña tan bien conservada como desconocida, o un rico patrimonio cultural y artístico compuesto por maravillosas joyas del románico, además de las inmensas posibilidades de ocio, deporte... y las consabidas compras.

Andorra la Vella

▲ Bandera con el escudo del Principado.

El núcleo de Andorra la Vella (1.029 m, 23.000 habitantes) ostenta la capitalidad de la parroquia y del país. Está situada en un lugar estratégico cerca de la confluencia de los dos Valiras: el río Valira d'Orient, que recorre las alta parroquias de Encamp y Canillo, y el Valira del Nord, que proviene de las parroquias altas de La Massana y Ordino; aquí conforman una gran "Y" que caracteriza la división y forma del Principado.

El moderno urbanismo de la capital dista mucho de las descripciones realizadas por viajeros de los siglos XIX y XX que evocaban una estampa de añeja villa rural elevada y aislada sobre un risco que la protegía de incursiones que nunca existieron.

El casco antiguo sigue ocupando el mismo emplazamiento de antaño y en principio fueron solo dos los barrios que lo componían. Sant Esteve se cuenta entre los más antiguos, de lo cual son testimonio inequívoco sus calles estrechas y sus viejas edificaciones. Los años 50 del siglo XX trajeron consigo un gran auge del turismo y el comercio, y en consecuencia se produjeron crecimientos demográficos y urbanísticos considerables, de tal forma que, en la actualidad, es imposible distinguir dónde acaba la capital y dónde empiezan sus localidades vecinas de Les Escaldes, pues solo las separa una avenida.

◄ Puente de París, y moderna iluminación, junto al Consell, en la capital andorrana (inferior).

ANDORRA LA VELLA

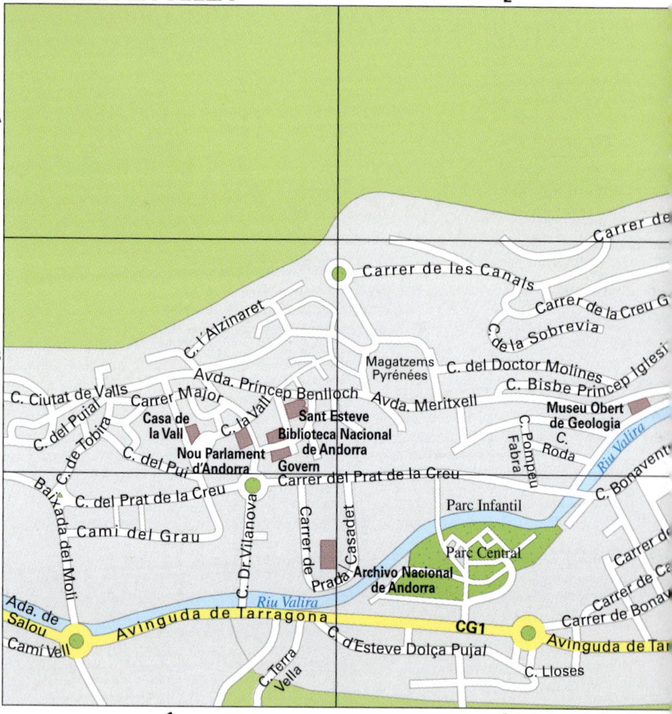

LO QUE HAY QUE VER EN ANDORRA LA VELLA

(B1)

I CASCO ANTIGUO ***

Diminuto pero pintoresco trazado urbano de origen medieval atravesado por la avenida Benlloch que adquiere el nombre de uno de los obispos más queridos por los andorranos y compositor del himno de Andorra.

Presenta un trazado alargado y adaptado a la orografía. En el pasado estuvo formado por dos barrios a los que se han ido añadiendo nuevos con el devenir de los tiempos. El **barrio de Sant Esteve** es uno de los más antiguos y se desarrolla a un lado de la iglesia parroquial, limitadas sus callejas a la caprichosa orografía del cerro rocoso donde se ubica. Es aquí donde se concentran las casas más antiguas y los restos del origen medieval con plazuelas y pequeñas calles estrechas y poco luminosas. El otro barrio antiguo es el del **Pui,** que tiene solera como los del Puial y de Tovira.

Las casas de más empaque se hallan junto a la **Plaza Mayor,** también llamada Príncep Benlloch, figura que preside una de las fachadas de la iglesia parroquial. La **Casa**

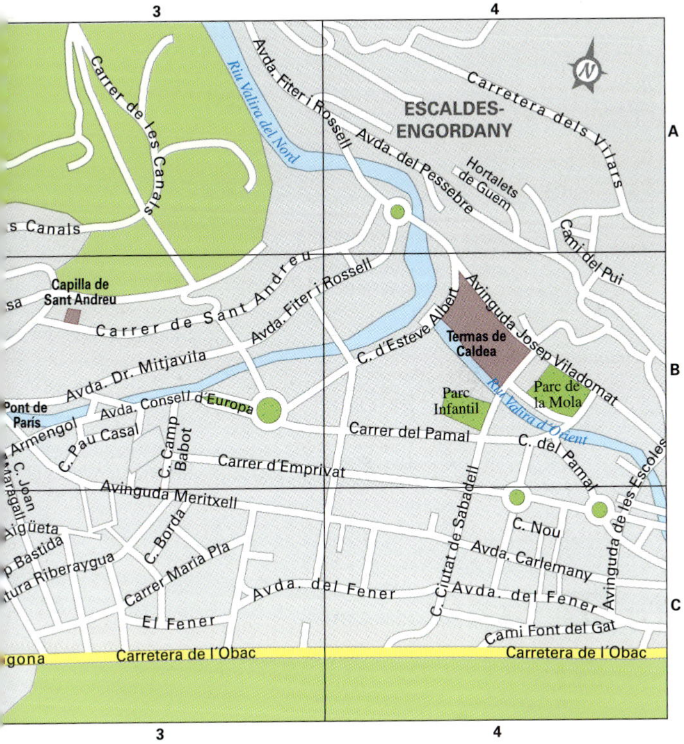

Guillemó, vinculada con la familia Plandolit, es un ejemplo notable de la arquitectura vernácula en granito, al igual que la **Casa Rosell,** que en documentos antiguos ya era descrita como el mejor establecimiento de la villa, pues fue la primera que suministró desde productos farmacéuticos hasta material fotográfico.

Estas casonas tradicionales contrastan con el moderno edificio del Comú. Entre la Plaza Mayor y la animada plaza Guillemó se ha desarrollado la mejor oferta gastronómica y de locales nocturnos de la capital. La **Oficina de Turismo** organiza visitas por el casco viejo.

ANTIC CARRER MAJOR ***

Se extiende casi paralelo a la avenida Príncep Benlloch con una sucesión de edificios y plazoletas como la **plaçeta del Monjó** o la de **la Consòrcia.** En uno de sus extremos se halla quizá el edificio más emblemático del Principado: la **Casa de la Vall** (▶24), que tradicionalmente ha sido la sede de las instituciones políticas del Principado, como el Consell General, y el órgano de Justicia.

¿Sabías que...?

La **Oficina de Turismo** organiza visitas teatralizadas en verano, que acercan al visitante a la Andorra la Vella de finales del siglo XVIII cuando la cultura, historia y tradiciones de Andorra brillaron con luz propia. La visita diurna es gratuita y se realiza desde la plaça de la Rotonda. La visita nocturna recrea las aventuras de Don Francisco de Zamora, juez de la Real Audiencia de Barcelona.

B1

UN PASEO A PIE

Distancia
2,3 km

Tiempo
3 horas, con paradas y compras

Punto de Partida
Junto a la Casa de la Vall

Punto de Llegada
Pont de la Rotonda

▲ Escultura en homenaje a los relojes de Dalí.

Por el corazón capitalino

❙ Este paseo se inicia en una amplia plaza donde está perfilado el mapa del Principado. Esta moderna plaza mirador es la antesala a dos edificios que tienen la misma función: la **Casa de la Vall** (▶24) y el actual **Consell General.**

La calle de la Vall confluye en lo que era antiguamente la arteria principal de la localidad: el **Antic Carrer Major** (▶45) donde confluyen callejas estrechas con coquetas plazoletas como la del Monjó y la de la Consòrcia; la primera tiene una antigua fuente y la segunda, la interesante **Casa León**.

❙ Volviendo al Carrer Major, vemos el **Teatro Comunal.**

Es un nuevo equipamiento de la localidad con una activa programación dirigida a los amantes de las artes escénicas.

❙ Siguiendo a la derecha del Antic Carrer Major se llega a la **placeta de Sant Esteve,** donde se levanta la **Biblioteca Nacional** con estructura en forma de trapecio. Existe una placa en homenaje al investigador Esteve Albert, gran conocedor del Principado.

Se atraviesa la **plaça del Príncep Benlloch**, un amplio pero coqueto espacio de reunión presidido por las **casas Molines** y **Guillemó,** así como la iglesia parroquial y el moderno edificio del Comú.

❙ El Cap de Carrer nos lleva a las calles Mossèn Cinto Verdaguer, pues aquí se alojó en 1883 el poeta catalán mientras preparaba su conocido poema *Canigó,* y Llacuna.

A la izquierda se llega a la **plaça de Guillemó** con sus animados porches. Junto al **Pasaje I. Sandy** se han concentrado recomendables restaurantes.

❙ La calle Llacuna desemboca en la **avinguda Meritxell** (▶30), cerca de la agradable plaza de Rebés.

La avenida Meritxell muestra la cara moderna y cosmopolita de la capital, con sus centros comerciales y tiendas que se solapan hasta llegar al Pont de la Rotonda. Sin embargo, en esta vía también se conservan comercios tradicionales como la **pastisseria Vives.**

❙ El **Pont de la Rotonda** salva el caudaloso Valira en dirección al núcleo de Escaldes-Engordany. Aquí hay una moderna **escultura** daliniana que nos recuerda "el paso del tiempo"; el mismo que ha transformado la tranquila y rural Andorra la Vella en un moderno centro comercial y de servicios.

NOU PARLAMENT D'ANDORRA **

En 2011 se construyó un moderno y amplio edificio que acoge la nueva sede del Consell General. El sobrio edificio se adapta al precipicio con un desnivel de 30 m desde la calle Prat de la Creu y para ello fue necesaria una importante extracción de roca de unos 40.000 m^3. Así se construyó una sede de 16.000 m^2 de superficie. En la plaza inferior que da acceso al edificio, se instaló en 2014 una moderna iluminación que cambia de color y forma figuras humanas. Precede al moderno y amplio hemiciclo una exposición fotográfica relacionada con la política en Andorra. En el luminoso hemiciclo se celebran las sesiones ordinarias, mientras que las recepciones especiales se realizan en la Casa de la Vall.

B1
Autobuses L1, L2, L4, L5, L6 parada 5001 Príncep Benlloch

CASA DE LA VALL (►24) ***

SANT ESTEVE **

La iglesia parroquial se halla en un lateral de la **Plaza Príncep Benlloch** y sirve de nexo con la plaza mirador **del Poble.** Se trata de un antiguo templo, levantado en el siglo XII, aunque como se puede observar, ha sufrido diferentes modificaciones. La más importante se llevó a

B1
Visita gratuita. Abierta todo el día de 9 a 20 h. Se puede concertar visita guiada en la Oficina de Turismo
Autobuses L1, L2, L4, L5, L6 parada 5001 Príncep Benlloch

◄ Una de las callejas típicas del casco antiguo.

▶ Sant Esteve, parroquia del siglo XII muy modificada.

▲ Señalización viaria, con azulejos, en el casco antiguo.

cabo en el siglo pasado cuando se agrandó la nave y se erigió una nueva torre campanario. En el lado de poniente se abre una puerta que es obra del conocido arquitecto catalán J. Puig i Cadafalch. El único vestigio arquitectónico que se conserva completo es la **absidiola** y el magnífico **ábside semicircular** de clara influencia lombarda, sito en la antigua cabecera del templo. En cuanto a la ornamentación destacan los arquillos que descansan sobre ménsulas de tipo geométrico y que constituye el mayor ábside del Principado.

El interior de la iglesia albergaba uno de los conjuntos murales más ricos e interesantes del país, que ocupaban toda la cabecera, la nave y el prebisterio. Al igual que las pinturas de Santa Coloma fueron pasto del expolio en 1930. Algunos fragmentos fueron recuperados por el Museu Nacional d'Art de Catalunya (MNAC) y por coleccionistas privados. Gracias a esto se conservan varios episodios de la decoración mural: *Las bodas de Canaá* o *Cristo delante de Pilatos,* obra del mestre d'Andorra de principios del siglo XIII. El interior del templo conserva una viga policromada de ese periodo así como dos retablos barrocos y un cuadro del siglo XVIII.

PLAÇA DEL POBLE *

B1
Autobuses L1, L2, L4, L5, L6 parada 5001 Príncep Benlloch

Como si fuera un gran mirador es centro de actos culturales y festivos de la capital. Se trata de un espacio amplio con múltiples usos lúdicos al que se puede acceder por ascensor desde la calle Prat de la Creu donde se halla el edificio administrativo del **Govern d'Andorra** o lo que popularmente se conoce como "el búnker".

Alberga en sus equipamientos adyacentes el **Institut d'Estudis Musicals,** la **sala del Comú** de Andorra la Vella, así como otras entidades de tipo cultural y deportivo. Un complejo que se completa con la **sala de Congresos,** donde se dan cita las más diversas actividades. Un monumento nos recuerda que Andorra es un país marcado por la inmigración, en la actualidad, sobre todo de españoles y portugueses.

CAPILLA DE SANT ANDREU **

Se accede desde la avenida Meritxell, uno de los corredores comerciales más identificativos de Andorra. De aquí parte la calle de la Creu Grossa –por la cruz gótica existente en su inicio y por donde pasaba el antiguo camino real– y que desemboca en la capilla de Sant Andreu. En la actualidad está muy reformada por lo que poco resta de su primitiva filiación románica. Conserva su planta rectangular y un pequeño campanario de espadaña. La cabecera se orienta a levante, lo que confirma su origen medieval. Por otra parte una puerta se abre a mediodía del edificio, elemento muy característico de casi todas las iglesias de Andorra. La capilla se ubica en una de las zonas de expansión urbanística de la localidad.

- B3
- Carrer de Sant Andreu, cerca de la confluencia del carrer de la Creu Grossa y de Closes de Guillem
- Visitas organizadas desde la Oficina de Turismo de Andorra la Vella en época estival
- Bus L1, L2, L4, L5, L6 parada 5005 La Creu Grossa

▼ Placeta Monjó, con el monumento al Contrapàs.

B2
Espacio abierto, de libre visita
La Oficina de Turismo de Andorra la Vella organiza visitas explicativas

MUSEU OBERT DE GEOLOGIA *

Modernas discotecas y espacios de ocio son habituales al lado sur del Valira, junto a la avenida de Tarragona, cerca del área verde de esparcimiento del **Parc Central.** Es aquí donde se halla el Museu Obert de Geologia, curioso museo al aire libre que ayuda a descubrir el patrimonio geológico que envuelve al Principado. Consta de tres itinerarios: un **jardín de rocas** (exposición de rocas del Principado), un **itinerario geológico,** que identifica las rocas con las que están construidos los edificios, y un i**tinerario por la arquitectura** del granito tan clásico en las casas tradicionales andorranas.

¿Sabías que...?

Desde tiempos inmemoriales se han realizado diversas construcciones cuadradas junto a la torre de la iglesia de Santa Coloma, donde se elevaban plegarias a las imágenes de la Virgen en procesiones así como días señalados de la cultura popular y religiosa. Son los **comunidors** y pocos quedan a excepción del existente en la iglesia parroquial de Encamp. Desde ellos se imploraba sobre todo la venida de aguas en tiempos de sequía o protección contra inundaciones o plagas.

ALREDEDORES DE LA CAPITAL

ANELLA VERDA **

Para desestresarse del trasiego comercial y de tráfico se recomienda realizar los itinerarios interpretativos de la Anella Verda que rodean la parte alta de la ciudad a modo de mirador. Un agradable paseo que permite pasear por unas zonas de acequias como el **Rec del Solà** y el **Rec de l'Obaga.** Estos caminos están perfectamente habilitados con barandillas de madera, zonas ajardinadas y áreas para el descanso. El primer itinerario supone un recorrido de unos 3 km desde Santa Coloma hasta el desfiladero de la Grella siguiendo una vieja acequia en la parte solana de la localidad. Como el camino dispone de diversos accesos al casco urbano de la ciudad también se puede realizar de manera parcial.

SANTA COLOMA ***

Se trata del núcleo más primitivo de la actual parroquia de Andorra la Vella, situado al suroeste de la capital a la que está prácticamente unido. Físicamente se halla en el margen izquierdo del río Valira bajo la Serra d'Enclar, donde antaño se asentó la primitiva población, por entonces fortificada, ante las incursiones musulmanas.

La localidad pasaría desapercibida con sus huertos y plantaciones de tabaco junto a la carretera principal CG-1 a no ser por la existencia de su símbolo: el campanario circular de la **iglesia de Santa Coloma** (▶28). Del núcleo destaca la **torre dels Russos**, uno de los ejemplos de la arquitectura del granito de Andorra proyectada por César Martinell. Aquí, al parecer, residió el efímero y controvertido rey de Andorra: Boris I (▶20).

A 3,5 km de Andorra la Vella por la CG-1

L1 paradas El Cedre 5110, Mossèn Lluís Pujol 5120

▲ Santa Coloma y *Mare de Déu del Remei*.

◀ Monumento a la Segunda Reforma y Consell General.

SANT VICENÇ D'ENCLAR ***

Desde Santa Coloma se puede realizar una interesante excursión al desconocido enclave medieval de Sant Vicenç d'Enclar y la **Font de la Boïga Mitgera.** Se trata de la Vía Ferrata Sant Vicenç d'Enclar, una excursión que supone ascender en unos 30 minutos al citado conjunto medieval y después, continuando por un collado y remontando el río Enclar, llegar a la fuente de la Boïga Mitgera (hora y media de recorrido).

La iglesia de Sant Vicenç d'Enclar es uno de los monumentos más antiguos del Principado y, según la opinión de muchos autores, su construcción es prerrománica y se remonta a tiempos anteriores al siglo XI. De aires defensivos, su campanario es una de las primeras construcciones circulares del Pirineo. El ábside de la iglesia es cuadrado (prerrománico). La iglesia estaba fortificada al parecer por un pequeño castillo (del que existen restos)

5 km. Información en la Oficina de Turismo de Andorra la Vella

L1 parada 5110 Cedre y luego a pie

L'Alde
Escàs
CG-3
Anyós
2
P
Parque recreativo
Sispony
M
VALLNORD
PAL
Sant Joan
Sant Antoni de la Grella
Riu de Montaner
CG-3
Pic d'Enclar
2383
Serra d'Enclar
Pic de Carroi
2335
Os de Civís
Bony de la Pica
2402
ANDORRA LA VELLA
M
i
Riu d'Enclar
Ig. Sant Vicenç d'Enclar
La Come
Santa Coloma
Santa Coloma
PARROQUIA DE
ANDORRA LA VEL
La Margineda
Bony dels Llorers
2216
Aixàs
Ig. de Sant Joan
Ig. de Sant Esteve
Bixessarri
CG-1
Pont románico de la Margineda
Serra de la Cre
CS-111
CS-110
Aixovall
Parque recreativo
Santuari de Canòlic
Riu d'Os
Certés
Riu Llumene
Ig. de Mare de Déu de les Neus
Serra de Teix
Nagol
Llumeneres
Sant Serni de Nagol
Riu l'
Civís
Bony de la Costa de l'Arn
2048
Sant Julia de Lòria
i
M
Ig. de Sant Pere
PARROQUIA DE
SANT JULIÀ DE LÒRIA
Aixirivall
CS-111
Sant Miquel de Fontaneda
Parque recreativo
Pui d'Olivesa
Sant Romà d'Aubinyà
CS-131
Aubinyà
Riu d'Aubinyà
Fontaneda
Sant Mateu del Pui d'Olivesa
Parque recreativo
CS-111
CS-140
Riu Caborreu
Asnurri
Arduix
CS-130
Sant Esteve
CS-142
la Valira
NATURLANDIA
Camp Base
NATU
Can
Mas d'Alins
Argolell
la Farga de Moles
Sant Esteve de Juberri
Juberri
La Raba
Sant Joan Fumat
Castell de la Bastida de Ponts
Arcavell
el Runer
Refug
Roca de
215
FRANCIA
Cap del Boix
2034
1
ANDORRA
ESPAÑ
ESPAÑA
Calbinyà

1
Castell dels Moros
Ig. de Sant Romà
les Bons
els Cortals
2
CS-210
Vila
Encamp
CS-220
PARROQUIA
D'ENCAMP
Parque
recreativo
Valira d'Orient
CG-2
Valiras
Estany
d'Engolasters
P
Riu d'Ensagents
R. de la Coma dels Llops
Estanys
d'Ensagents
Pic dels
Pessons
2846
Refugi
d'Ensagents
2425
Estany
Moreno
Romà
ls Vilars
ars
CG-2
Puente rom.
CS-101
Ig. de Mare de Sant
Miquel d'Engolasters
Refugi
de les Agols
2230
Riu Madriu
Riu Perafita
Estany de
Forcat
Estany Blau
PARROQUIA D'ESCALDES
ENGORDANY
Refugi de l'Illa
2480
NDORRA
Refugi de
Perafita
2200
Refugi de
Riu dels Orris
2230
Estany de
la Bova
Refugi de
Prat Primer
2230
RESERVA DE LA BIOSFERA
VALL DE MADRIU-PERAFITA-CLAROR
Estany de
Serra Mitjana
els Estanyons
Refugi de
Claror
2280
Portella
de Setut
Tossa Plana
de Lles 2916
e la Farga
Port de
Perafita
2
Pic Negre
2659
Serra
La Rabassa
Monturrull
2761
Torrent Vall de Port Negre
d'Airosa
Bescaran
Pico
Parque recreativo
Telesilla
Telecabina/funicular
Estany
Capital de Parroquia
Núcleo urbano
Límite de Estado
Límite de parroquia
Túnel
Camping
Oficina de turismo
Castillo
Iglesia o ermita
Balneario
Refugio
Parking
Esquí alpino
Puente
Museo

de la primera mitad del siglo IX, constaba de murallas y, al menos, una torre.

Su agreste entorno, a más de 1.200 m, está rodeado de un encinar y permite un buen panorama del área urbana de las parroquias de Andorra la Vella y Escaldes-Engordany. Los alrededores incluyen parajes como la Pirámide o la Llastra de l'Obac, ideales para los amantes de la escalada. Cada viernes desde junio hasta finales de octubre se realizan visitas guiadas por la **Vall d'Enclar,** donde se pueden contemplar rebecos y excelentes bosques caducifolios.

LA MARGINEDA ***

Es un pequeño núcleo cercano ya a la parroquia de Sant Julià de Lòria. De hecho el destacado **puente románico** sería prácticamente el límite entre ambas parroquias. La antigua construcción atraviesa el río Valira en uno de los puntos del camino real que atravesaba parte del Principado. Su longitud de 33 m y su altura cercana a los 10 m dan espectacularidad a una obra pública tan señera de Andorra. Consta de un solo ojo de gran envergadura. No llega a conformarse en arco de medio punto, pues es más abierto. Se asienta en una sólida estructura aligerada por piedra toba en las dovelas. Este tipo de piedra era de uso común en el románico por su poco peso.

Cerca del núcleo junto a un altozano está el **yacimiento de la Margineda.** Abierto en 2012 muestra uno de los yacimientos arqueológicos más importantes de esta zona del Pirineo. Ya se sabe que en parajes como el Cedre o la Balma de la Margineda había poblados paleolíticos que atestiguan la presencia humana hace 9.000 años a.C. Por supuesto esta zona también tuvo su relevancia en la época medieval, como atestiguan los restos encontrados.

- A 4,3 km de Andorra la Vella por la CG-1
- L1 parada Rotonda de la Margineda 5130

Yacimiento de la Margineda

- Camí de Malreu Santa Coloma Andorra la Vella
- 10-14 h y 16-20 h
- 376 805 950
- www.molinespatrimonis.com/ca/jaciment-margineda.php administracio@molinespatrimonis.com

▼ Puente románico en la Margineda.

Escaldes-Engordany

Fue en 1978 cuando se convirtió en parroquia separada de la capital. Esto respondió a las exigencias del importante crecimiento urbanístico y demográfico que sufrió el Principado a partir de los años 50.

En la actualidad los núcleos de Engordany, al oeste del Valira, y Escaldes, al este, están tan conurbados que suponen una misma entidad de población. Elementos característicos de esta parroquia son el singular edificio de Caldea, la avenida comercial Carlemany y en la parte más alta la iglesia románica de Sant Miquel d'Engolasters. Los núcleos agrícolas más antiguos, de carácter medieval, se situaban justamente en Engolasters, Els Vilars y Engordany donde se encontraron los restos de un poblado ya habitado en el siglo I a.C.

La importancia de las aguas termales, al parecer ya conocidas desde los tiempos de los romanos, dieron un carácter diferenciador a la población. Sus aguas se aprovechaban para lavar las lanas y después teñirlas, pero posteriormente tendrían un aprovechamiento turístico y termal que hoy le han dado justa fama. Existen todavía fuentes que emanan aguas, prácticamente hirviendo, como la **Font del Metge.** El asentamiento de sedes financieras como *Andbank* también ha proporcionado vitalidad a la población.

La arteria principal es la **Avenida Carlemany** (▶30), repleta de establecimientos comerciales que se extienden a las calles y plazas colindantes. Dos puntos centrales de

2,5 km distancia de Andorra la Vella

L1, L2, L3,L4, diversas paradas: La Tosca 740, Plaça Santa Anna 702, Plaça Coprínceps 704, Consell de la Terra 706.

Oficina de Turismo de Escaldes-Engordany

Plaça Santa Anna s/n

376 890 881

oficinaturisme@e-e.ad

www.e-e.ad

▲ Tejados de Escaldes, donde sobresale la iglesia de Sant Pere Màrtir.

UN PASEO A PIE

Por Escaldes-Engordany

El Pont de la Unió es el primer puente que atraviesa el río Valira justamente tras la confluencia del Valira d'Orient y el Valira del Nord. En la plaza cercana, cuya rotonda da al puente que lleva a La Massana, se halla la curiosa alegoría a la *Dama de Gel,* o Dama de Hielo, que parece llevar las riendas de un caballo.

▲ Dama de Hielo.

Frente a uno de los centros comerciales más modernos de Andorra, **Illa Carlemany,** se halla el **Museu del Perfum** (▶57), que ilustra a la perfección la historia y el fascinante mundo de los perfumes. A cada lado se abren tiendas de deportes, moda, perfumerías, etc., que se alternan con hoteles, restaurantes y algunas tiendas tradicionales ubicadas en la parte más alta de la avenida.

▶ Avenida Carlemany, arteria comercial por excelencia del Principado.

Distancia
2 km

Tiempo
Media jornada

Punto de Partida
Pont de la Unió

Punto de Llegada
Caldea

Ajetreado punto de reunión de la parroquia es la **Plaça dels Coprínceps,** moderno espacio donde se hallan emblemáticos y tradicionales hoteles que incorporan los servicios termales.

Más arriba, pasada la avinguda de Les Escoles, se llega al **Centre d'Art d'Escaldes-Engordany** (▶57).

Cerca queda la **iglesia de Sant Pere Màrtir,** dedicada a los tejedores, que muestra recia torre neorrománica en granito y bonitas serigrafías en la fachada.

A un lado de la Plaça de Santa Anna se abre el **Pont d'Engordany** que nos adentra en el núcleo tradicional, en el margen norte del Valira d'Orient.

El núcleo de **Engordany** tiene callejas que se adaptan al capricho del terreno con casas relevantes como la **Casa Xurrina, Casa Vicari** o **Cal Muxella**. Frente al puente asoma el moderno **Centre d'Interpretació de l'Aigua i del Madriu** cercano al cual se halla otro rústico puente de piedra: el **Pont de la Tosca**.

Al otro lado del río Valira d'Orient justo en el punto donde se une con el Valira del Nord se halla **Caldea** (▶26), complejo lúdico-termal de los más importantes del sur de Europa.

esta urbe también con carácter alargado, adaptándose al valle, son: la **plaza Coprínceps** y la **plaza de l'Església** junto al coqueto y pintoresco **Pont d'Engordany,** puente de origen románico, que es atravesado por el último tramo del Valira d'Orient antes de converger con el Valira del Nord.

MUSEU DEL PERFUM **

Poco conocido, se ubica en el edificio Julià, al inicio de la avenida Carlemany. Cuenta con un excelente audiovisual introductorio a la visita que sumerge al visitante en el desconocido mundo de los aromas y perfumes. Aunque posee unas 40.000 piezas de la colección privada, el museo expone un millar de reliquias que ahondan en la historia de los perfumes. Como curiosidad, el visitante puede elaborar su propio perfume mediante la máquina de los aromas. El edificio Julià tiene un curioso interior moderno y forma parte de la cadena andorrana de perfumerías.

Av. Carlemany 115, Centre Júlia. 1r pis

Bus L2, L3, L4 parada 701 Santa Anna

museudelperfum@julia.ad
www.museus.ad

▼ El Valira corre caudaloso, entre las calles de Escaldes-Engordany.

TERMAS DE CALDEA (▶26) ***

CENTRE D'ART D'ESCALDES-ENGORDANY (CAEE) **

Ocupa un histórico edificio construido por los monjes de Montserrat en 1930. Aquí estuvo el primer cine de Andorra. En la primera planta se exponen obras del escultor catalán Josep Viladomat, que estuvo residiendo en Andorra durante una larga temporada. La segunda planta acoge una sala para exposiciones temporales. Una tercera planta tiene una curiosa exposición de maquetas de arte románico.

Escaldes-Engordany tienen una vigorosa actividad cultural y existen otras salas de exposición de arte como: el **Jardin Cosmique d'Andorra** o el **Taller Espai 29,** así

Av. Carlemany, 30 AD700 Escaldes-Engordany

Bus L2, L3, L4 parada 701 Santa Anna

centreart@e-e.ad,
www.museus.ad

▶ Exposición en el Centro de Interpretación del Agua.

como diferentes locales donde disfrutar de la música y el espectáculo, sobre todo cuando tiene lugar el *Festival Internacional Colors de Música.*

CIAM **

El moderno **Centre d'Interpretació de l'Aigua i del Madriu** se halla sobre el caudaloso Valira d'Orient y está concebido para experimentar y aprender sobre el agua y el valle del Madriu, que es parte de una Reserva de la Biosfera. Se trata de una visita interactiva con una multiproyección y algunas experiencias sensitivas como caminar por encima del río (sobre una plataforma de cristal) o bañarse bajo una cascada de agua sin mojarse.

- Av. Carlemany, 8 AD700 Escaldes-Engordany
- 376 890 879
- lun-sáb 9.30-13 h y 15-19 h, dom 10-13 h
- Bus L2, L3, L4, parada 741 La Tosca 701 Santa Anna
- ciam@e-e.ad, www.e-e.ad
- Entrada gratuita

SANT ROMÀ DELS VILARS **

- 4,5 km de Andorra la Vella por la CG-3 y la CS-300

En el barrio tradicional dels Vilars, situado en Engordany, y en el desvío de la antigua carretera a la Massana, es donde se halla la iglesia románica de Sant Romà dels Vilars. Esta iglesia proporciona unas vistas únicas porque se ve la unión de los dos Valiras y el crecimiento urbanístico delimitado por el valle principal del Valira. A la iglesia, que abre la última semana de septiembre cuando aquí se celebra un *aplec* o romería, se llega por un rústico camino empedrado conocido como **"La Peletera"** que sale de la moderna **iglesia de Sant Jaume d'Engordany**.

Sant Romà es un edificio prerrománico original construido en el siglo x de apariencia austera, característica común a otros pequeños templos andorranos. Consta de una planta rectangular con cabecera orientada a levante. Tiene una parte añadida a la nave original y el ábside es de planta cuadrada. A mediodía se abre una puerta rústica y una disimulada ventana. La nueva construcción realizada en 1992 deterioró la imagen de una de las iglesias más antiguas del Principado. El pequeño campanario de espadaña en piedra tosca, aunque añadido, sí parece encajar perfectamente.

SANT MIQUEL D'ENGOLASTERS ***

El templo data de las postrimerías del siglo XI y se dispone en una planta rectangular con la cabecera orientada a levante, donde se encaja un pequeño ábside semicircular con el friso de arquillos lombardos y dos minúsculas ventanas que iluminan tenuemente el interior. Hacia mediodía se orienta la puerta de acceso, coronada por un arco de medio punto adovelado. El pórtico que protege la fachada es la única parte que no corresponde a la primitiva edificación románica.

Contrasta la sencillez del cuerpo de la iglesia con las dimensiones del campanario que es uno de los elementos más característicos e interesantes del conjunto. Tiene planta cuadrada y una altura de 17,5 m. Se compone de tres plantas rematadas por la rústica cubierta piramidal. En cada uno de los pisos se abren ventanas geminadas: en las dos primeras plantas se coronan por arquillos lombardos

- 7 km desde Andorra la Vella por la CG-2 y la CS-200
- Visitas guiadas de mediados de julio a mediados de septiembre
- Entrada gratuita

Oficina de Turismo de Escaldes-Engordany

- Plaça Santa Anna, s/n
- 376 890 881
- oficinaturisme@e-e.ad
  www.e-e.ad

◀ Restos de pinturas románicas en el interior y exterior de Sant Miquel d'Engolasters.

▲ Fachada de Sant Pere Màrtir, con el monumento a la encajera.

y en la tercera por un arco de medio punto sobre el que está esculpida una cara humana, aunque se halla muy erosionada. Son claramente visibles los orificios practicados en las paredes que fueron el punto de apoyo para los sucesivos andamios levantados durante su construcción.

En el interior destaca una copia de las **pinturas** que decoraban el ábside y que fueron llevadas a cabo por el mestre de Santa Coloma en la segunda mitad del siglo XII. Los originales están en el Museu Nacional d'Art de Catalunya (MNAC). Las pinturas del arco triunfal sí son originales, ya que estaban ocultas bajo una capa de enlucido.

El conjunto pictórico del ábside representa un pantocrátor inmerso en un óvalo apuntado. El Cristo está sentado sobre un arco celestial con los pies sobre un semicírculo que representa cuatro personajes: tres son evangelistas, plasmados de forma simbólica; el cuarto corresponde al arcángel San Miguel, representado de forma figurativa y de mayores dimensiones, siendo el santo protector del templo. En la parte inferior de la cúpula se pueden ver dos ángeles portadores del símbolo de los evangelistas Lucas y Marcos y más abajo, siete apóstoles. Una banda geométrica a imitación de los frisos, en diente de sierra, separa el espacio absidial del arco triunfal. En la parte superior se halla el *Agnus Dei* sostenido por dos ángeles y, a ambos lados, algunos bustos de santos.

Algo más arriba se halla el **estany d'Engolasters,** donde existe una amplia zona de aparcamiento, restaurante y espacios para el descanso. Perteneciente ya a la vecina parroquia de Encamp se trata de un amplio espacio lacustre rodeado de pinos habilitado para pasear por sus inmediaciones y contemplar su estructura alargada. Hoy se ha convertido en un embalse que nutre el canal de agua de la central hidroeléctrica (FHASA) ubicada muy cerca de Les Escaldes.

► Campanario de Sant Miquel.

▼ Prat del Roure.

GASTRONOMÍA

La gastronomía de Andorra está condicionada por su medio físico: la alta montaña, un pasado de aislamiento, así como por influencias de comarcas vecinas tanto del estado francés (el Arieje) o España (el Alt Urgell o La Cerdanya). Se trata de una cocina sencilla, nutritiva y de clara vocación ganadera. En la última década la cocina andorrana se ha innovado incorporando productos foráneos, realizando platos fusión y menos calóricos acorde con la nueva situación económica que dejó atrás la rudeza de la actividad sector primario.

Mucho donde elegir
Andorra cuenta aproximadamente con un restaurante por kilómetro cuadrado. Hay cerca de 450, algunos de los cuales se han instalado en confortables construcciones agrarias, que servían para guardar el heno y los animales, hoy transformadas en restaurantes típicos.

Las carnes

Las carnes tanto de ganadería como de caza son los productos estrella. El **porcino,** aunque no es la carne más común, se ha aprovechado ancestralmente y ha sido pilar de la cultura rural y sus fiestas tradicionales. Las matanzas proveían las despensas de variados embutidos como la característica *donja, bringuera, bisbe, botifarras, bulls de llengua, carnetes, cansalades, llonganissa* o patés, heredados de la vecina Francia.

La carne **vacuna, ovina,** de **ave** (pollo, perdiz y pato) y de **conejo** son muy comunes en la mesa andorrana. Se preparan a la brasa o *a la llosa* o sobre una losa de pizarra.

El conejo o la carne de caza es ingrediente común en los *arrossos de muntanya.* Plato muy nutritivo que nos recuerdan a aquellas épocas donde se trabajaba duro es la *escudella* o *vianda,* especie de potaje que aquí se sirve con una variedad de carnes: costillar y panceta de cerdo, cuello de cordero, ternera, gallina, butifarra negra, etc. al que se añade patata, zanahoria, col, cebolla y apio, pero además garbanzos, arroz y pasta. Era también tradicional curar la pata del cerdo y de sus jamones hacer un exquisito plato a base de jamón frito con miel. Los *civets* son guisos recios y de fuerte sabor de caza mayor de rebeco *(isard)* y jabalí *(porc senglar).*

Las verduras

La huerta se da de manera residual en las zonas bajas del valle junto a sus núcleos rurales. Allá se cultiva un tipo de patata de caprichosas formas procedente de

▼ Los platos dejaron de ser de supervivencia y hoy pueden encontrarse las más variadas especialidades y exquisiteces.

◀ Borda Estevet, uno de los restaurantes más apreciados en Andorra la Vella.

Francia conocida como la trufa negra o *patata vitelotte,* col, zanahoria, remolacha así como algunas verduras. Importante es la variedad de plantas aromáticas que como el tomillo o la salvia condimentan platos. Plato característico son los *farcellets de col* que ejemplifican la cocina humilde andorrana a base de carne de vacuno y cerdo. Clásico también es el *trinxat de muntanya* a base de col verde y patata triturada con un sofrito de ajo y con trozos de *cansalada.*

Si los productos de huerta son reducidos y muy estacionales, las setas y los frutos del bosque, son muy abundantes: los arándanos, frambuesas, frutos del saúco o fresas silvestres son comunes en los bosques del Principado. Frescos o confitados, se utilizan para pasteles que normalmente se realizan a base de crema de leche y huevo.

Los quesos

Los quesos, que Andorra importa muchas variedades desde el vecino Cadí hasta quesos holandeses, aquí se reducen a pequeñas partidas de *tupí*, queso blando y algo graso a base de leche de oveja y también de vaca.

Cerveza

Andorra tiene novedosos proyectos que han permitido la fabricación de cerveza en Ordino o el vino de alta montaña y la miel de hierbas en Sant Julià de Lòria.

Las riquezas del sotobosque

La importante extensión de bosques en Andorra, el clima y la humedad permiten que entre octubre y noviembre se puedan encontrar gran variedad de setas *(bolets)* imprescindibles para acompañamiento o ingrediente de platos típicos.

Entre las diversas especies destacan los *rovellons* o níscalos pero también los *moixernons* que acompañan los platos de conejo o el arroz. Las "Jornadas gastronómicas: La Massana Fogons" son un buen momento para conocer y disfrutar de estos preciados alimentos del bosque.

Lauredià y los valles del sur

El sur está ocupado por una tierra bautizada desde el Medievo como Lauredià, y cuya capital es la actual Sant Julià de Lòria. Esta extensa parroquia es un territorio encajonado en el cauce del Gran Valira que lleva las aguas hasta la Seu d'Urgell donde tiene su residencia el obispo, copríncipe andorrano. Al valle del Valira confluyen otros valles menores en cuyas fértiles laderas se han conservado diminutos núcleos rurales y bellas ermitas e iglesias románicas. Lauredià es lugar de cultivo de tabaco y también del mayor parque temático de múltiples actividades recomendable para los amantes del deporte, pero también para los infantes: Naturlàndia.

San Julià de Lòria

Rodeado de grandes centros comerciales, tiendas y gasolineras Sant Julià de Lòria es un núcleo en plena expansión y es más que un lugar de paso y tránsito fronterizo. La villa se desarrolla alargada a un lado del impetuoso Valira y a unos 5 km de la frontera española. Su vocación cultural y administrativa (administra un territorio compuesto por 13 núcleos) se traduce que aquí exista un activo Centro de congresos y ferias, así como la sede central de la minúscula Universitat d'Andorra. En siglos pasados, una de las actividades que movía la economía de Sant Julià de Lòria era la industria tabacalera como recuerda su interesante Museo del Tabac (▶31) que ocupa una vieja fábrica tabacalera.

8 km desde Andorra la Vella
L1 paradas: Avda. Rocafort 608, Pont les Molines 612, La Valireta 614 y Pont de Fontaneda 616

Sant Julià de Lòria, Oficina d'Informació i Turisme
Plaça Lauredià, s/n
376 744 045
turisme.lauredia@comusantjulia.ad, www.santjulia.ad
Lun-sáb 10-14 h y 16-19 h

Comú de Sant Julià de Lòria
Avda. Rocafort, 21-23
376 871 700
www.santjulia.ad

◀ Plantación de tabaco en Sant Julià. Arriba, vista de la población.

El nombre histórico de Sant Julià mezcla la advocación al santo con el topónimo medieval de *Laurèdia*, documentado en el acta de consagración de la catedral de la Seu d'Urgell en el año 839. Por su situación y buenas comunicaciones con la vecina comarca del Alt Urgell se erigió, ya en tiempos remotos, como punto estratégico para el comercio de los valles andorranos con Cataluña. Se tiene constancia de la existencia de tejedores y armeros instalados en su territorio por los escritos de Francisco de Zamora que visitó el lugar en septiembre de 1788. Otro viajero español, Juan Avilés, describe un siglo más tarde

▲ Caserío de Aubinyà.

la escasa industrialización del lugar aunque ya hace referencia a su principal industria derivada del cultivo del tabaco. Su cultivo perdura hoy y se extiende hasta en los límites de las parroquias centrales y Encamp.

El viajero podrá advertir desde la "Benvinguda a Terres Andorranes", en la frontera, de la presencia de manchas de esta planta tan peculiar en montaña y que ocupa la práctica totalidad de zonas cultivables de la parroquia. La proximidad de la frontera, así como los pasos montañosos de esta parroquia, como el Coll de la Gallina, la Collada de Pifies o el paso al pueblo o enclave español de Os de Civís, propiciaron la actividad del contrabando y alrededor de ella sus historias y leyendas contadas por los más viejos del lugar.

Hoy la actividad económica gira entorno a los servicios y el turismo que llega a cualquier aldea escalonada al pie de La Rabassa. Es por ello que uno de los símbolos existentes en el centro de la población, junto a una vieja ermita, es la Oficina de Turismo. Aquí se organizan diferentes rutas turísticas por la parroquia y concretamente en el núcleo urbano se realiza de lunes a domingo de 10 h a 13 h y de 16 h a 19 h (con cita previa) la **Ronda Laurediana.** Es una ruta que parte de la **plaça de la Germandat** y que supone un paseo de unas dos horas y media por el exiguo, pero coqueto, casco antiguo.

▼ Campanario románico de Sant Julià i Sant Germà.

SANT JULIÀ I SANT GERMÀ *

Junto a la Plaça Major de Sant Julià de Lòria, se halla el templo que queda escondido entre numerosas edificaciones que con su altura lo ocultan del urbanismo moderno. En su interior se conserva un bello **retablo barroco** del siglo XVII y la imagen de la Mare de Déu del Remei, talla románica del siglo XII en madera policromada. El elegante **campanario** de Sant Julià data del siglo XI y consta de tres pisos de planta cuadrada, con arquillos lombardos y las clásicas ventanas geminadas en los dos primeros, con dos arcos de medio punto que descansan sobre un solo capitel. En la visita al Principado se observará muchas similitudes constructivas y decorativas con otros campanarios como el de Sant Climent de Pal o Santa Eulàlia d'Encamp. En la Plaça Major se celebra el baile tradicional o *Ball de la Marratxa,* así como la burlesca *dança de l'óssa* que nos recuerdan la riqueza del folclore tradicional de la zona.

AUBINYÀ *

9,7 km desde Andorra la Vella por la CG-1 y la CS-1311

Se halla a solo 2 km de Sant Julià pero la fuerte pendiente permite excelentes vistas aéreas de la capital parroquial. Aubinyà es un pueblo absolutamente reconstruido con un aire exageradamente rústico, y donde algunos elementos de su arquitectura no son propiamente andorranos. En todo caso, es un agradable escenario entre manchas de bosques de abedules, coníferas y hayedos.

La **iglesia de Sant Iu,** como la plaza y su puente, son también nuevos. Hay que pasar por la carretera que atraviesa el norte del pueblo para visitar la sencilla **iglesia** prerrománica **de Sant Romà** a la que se accede por una carretera local en la urbanización superior de Aubinyà y desde donde se obtienen excelentes vistas de lo que parece un bonito conjunto tradicional. Se trata de un pequeño edificio de planta rectangular y del que resalta su pequeño **campanario** de espadaña. Desde este mirador parte el camino que lleva al torrente de La Rabassa.

NATURLANDIA **

A 17 km de Andorra la Vella por la CG-1 y la CS-130. Ctra. CS-130 de Sant Julià de Lòria a Aixirivall
376 741 444
www.naturlandia.ad

Es un parque de deportes y aventura multiusos muy recomendable sobre todo para los niños. Una de las actividades estrella es el *tobotronc* o tobogán alpino que con sus 5,3 km es el más largo del mundo. Se realiza en trineo biplaza

◄ Airtreck, una de las atracciones del Parque Naturlandia, que también incluye una parte de zoo.

▲ Sant Serni de Nagol, elevada sobre la peña de Nagual.

▼ Una muestra de la vistosa flora en La Rabassa.

y supone un viaje serpenteante a través de bosques y donde uno siempre decide la velocidad. En el campo base se pueden hacer otras actividades infantiles como el *buggy,* paseo en poni, el *tubby,* camas elásticas, el parque *inuït* y diversos talleres. Los mayores también pueden realizar el tiro con arco, minigolf y sobre todo el *airtrekk* y tirolina en una de las estructuras que con sus 10 torres y 13,5 m de altura es el mayor *sky trail* de Europa.

Más arriba y cercano a La Rabassa se encuentra el campo de nieve con circuitos marcados de más de 15 km para la práctica del esquí nórdico, raquetas de nieve, motos de nieve, *mushing,* pista de patinaje, aula de naturaleza... a 2.050 m de altitud. En esta área superior también se ubica el parque de animales donde poder observar al oso pardo de los Pirineos, el lobo, el ciervo, el gamo, el muflón o la cabra hispánica.

Esta zona de La Rabassa es idónea para la práctica de bicicleta de montaña. En verano se pueden realizar también excursiones a la Collada y al **refugio de la Roca de Pimes** a 2.140 m. Desde sus refugios de vigilancia ofrece excelentes vistas hacia el macizo del Cadí ya en Cataluña. También se pueden realizar excursiones en todoterreno a la borda y pico de Peguera (2.603 m). La carretera desciende a **Aixirivall,** cuidado núcleo residencial de escasos 200 habitantes con su **iglesia de Sant Pere** escondida entre el caserío y que presenta destacable retablo barroco.

A 9,5 km desde Andorra la Vella por la CG-1 y la CS-120

NAGOL **

Pequeño núcleo rural asentado en un pequeño rellano inclinado hacia el río Certers, afluente del Valira. Sus construcciones tradicionales están preparadas como secaderos

▲ Santuario de Canòlich, con espectaculares vistas sobre Sant Julià.

de tabaco en una zona abierta del valle donde da el sol buena parte del día.

En un risco queriendo desafiar la caída al desfiladero se halla la desconocida **iglesia de Sant Martí de Nagol,** a la que se accede por un sendero a unos 20 minutos de la carretera CS-120. Es una construcción muy rústica de pequeñas dimensiones con planta rectangular, ábside semicircular y campanario de espadaña ubicada en un lugar muy inusual y poco accesible, ya que al parecer también tenía funciones de vigilancia y defensa. La construcción original data del siglo XI aunque hasta su restauración en 1981 presentaba un estado ruinoso.

Poco más arriba y después de una curva pronunciada, se halla la interesante **iglesia de Sant Serni de Nagol.** Se levanta también sin edificios colindantes salvo el cementerio escalonado que lo precede. Se halla sobre la peña de Nagual, que es un magnífico mirador hacia el sur de Andorra. Tiene proporciones pequeñas y presenta también planta rectangular rematada en ábside semicircular y campanario de espadaña a poniente. A mediodía un pórtico añadido protege la pequeña puerta de entrada al templo. Si bien es un templo sin ornamentaciones, su ubicación supone una estampa evocadora de Andorra.

Con motivo de una restauración realizada en 1979 fue hallado un pergamino con el acta de consagración del templo, fechada en 1055. Descubrimiento mayor fueron los restos de **pinturas murales** que se encuentran en el arco triunfal, que representan, entre otras escenas, a ángeles adorando el *Agnus Dei.* Son las pinturas más primitivas del románico de Andorra y se nota su carácter de bocetos, muy elocuentes, realizados por aprendices. La iglesia

Sant Serni de Nagol

- A 9,5 km desde Andorra la Vella y 3,8 desde Sant Julià de Lòria por la CG-1 y la CS-120
- Visitas guiadas de mediados de julio a mediados de septiembre de 11 a 19 h. El resto del año, visita bajo reserva previa en Oficina de Turismo de Sant Julià de Lòria
- Entrada gratuita

también conserva un bello **retablo** del siglo XV dedicado al primer obispo de Tolosa. La carretera acaba en los diminutos núcleos de **Certés** y **Llumeneres** que con tan solo un habitante censado tiene una pequeña **iglesia** románica dedicada a **la Mare de les Neus.**

I SANTUARIO DE CANÒLICH **

A 9,5 km desde Sant Julià por la CG-1, CG-6 y CS-600
Visitas guiadas de mediados de julio a mediados de septiembre de 11 a 19 h. El resto del año, visita bajo reserva previa en Oficina de Turismo de Sant Julià de Lòria
Entrada gratuita

Las fuertes rampas de subida, durante 4 km, al popular santuario ofrecen buenas vistas a este sector sur del Principado así como a la población de Aixàs con su **iglesia** de origen románico d**e Sant Joan Evangelista.** La construcción de este lugar de peregrinación mariana parece corresponder al siglo XVIII, aunque probablemente se erigiera sobre un edificio anterior, posiblemente románico. La tradición cuenta que en el año 1233 un pastor de Bixessari encontró un raro pájaro multicolor en el emplazamiento del templo, lo llevó a casa con gran alegría pero a la mañana siguiente desapareció volviendo al mismo lugar, donde además se encontró una bella imagen de la virgen. A pesar de los esfuerzos de los lugareños de trasladar la imagen esta, como el pájaro, siempre volvía al mismo lugar. Por ello se erigió una capilla para la Mare de Déu de Canòlich, patrona y protectora de Sant Julià de Lòria. Se trata de una **talla de madera** de tan solo 72 cm de alto que conserva parte de la policromía original, siendo una talla característica del siglo XII. El santuario tiene en la actualidad una copia de la imagen, si bien la original se conserva en la iglesia parroquial de Sant Julià i Sant Germà. Existe un **retablo barroco** del siglo XVIII, así como unos **murales de cerámica,** obra del artista catalán Sergi Mas Balaguer.

Canòlich es uno de los santuarios más venerados junto al de Nuestra Señora de Meritxell y el de Sant Antoni de la Grella. La romería o *trobada* se celebra el último domingo de mayo. Desde Canòlich se puede seguir una pista, en parte asfaltada, que lleva al **Coll de la Gallina** (1.911 m), una ascensión por un magnífico bosque de pino negro. Una parte más estrecha no está asfaltada y desciende hasta **Fontaneda** con vertiginosas vistas. Un viejo secadero de tabaco sirve de referencia para el cruce entre la pista que continúa hacia el norte hasta el núcleo rural de frontera de Mas d'Alins y la que lleva a Fontaneda.

I FONTANEDA **

13,5 km desde Andorra la Vella por la CG-1 hasta pasado el núcleo de Sant Julià de Lòria donde se toma la CS-140

A un lado de la carretera que lleva a Sant Julià de Lòria por el coll de Jou se halla esta pequeña localidad precedida de una amplia zona de pastos ocupada por caballos y vacas. El núcleo conserva todavía su aspecto armónico de carácter rural con casas escalonadas al abrigo de la montaña. Destaca sobre sus casonas la **iglesia de Sant**

Miquel, que se sitúa en la parte alta y en un extremo de la localidad. Se trata de un interesante templo románico con un interior que muestra diversas pinturas en el ábside y paredes del mestre d'Anyós.

Cuando se desciende por las pronunciadas curvas desde el **coll de Jou** se llega a la casa de **Cal Bringué** y su contigua iglesia de **Sant Mateu de Pui d'Olivessa,** legendaria y pequeñísima construcción religiosa documentada ya desde el año 986. A pesar de su carácter sencillo y rudimentario es la más antigua y pequeña del Principado. De hecho don Francisco de Zamora, viajero del siglo XVIII atestigua que también Cal Bringué es la casa más antigua de Andorra. Desde los alrededores se obtienen excelentes vistas hacia la capital de la parroquia.

La iglesia se visita gratuitamente, en verano del 15 de julio al 15 de septiembre de 10 h a 19 h (otra época, concertar cita previa en la Oficina de Turismo de Sant Julià de Lòria).

OS DE CIVÍS *

Pasado el pueblo de **Bixessarri** y su **iglesia de Sant Esteve** y la **fuente dels Carabiners** con sus merenderos se llega a este enclave español al que solo se accede por carretera desde el Principado.

Se trata de un bello conjunto urbano escalonado con casas perfectamente conservadas y con unos pocos hoteles y restaurantes frecuentados sobre todo por grupos de turistas franceses. Del casco urbano resalta la torre de la **iglesia de Sant Pere,** de origen románico.

Su situación a caballo entre Andorra y España nos recuerda que esta tierra fue lugar de un activo contrabandismo. A España se accede por pista y caminando a través del coll de Conflent, a 2.150 m de altitud, por lo que estamos delante de una curiosidad geográfica, lo que en geopolítica se denomina "periclave" o "exclave", solo existentes en contados lugares del mundo. Es un lugar que es continuidad geográfica de un país pero al que normalmente se accede desde otro, es decir el acceso por tierra solo se realiza atravesando territorio ajeno.

13,5 km desde Andorra la Vella por la CG-1 y la CG-6

◄ Casas en Fontaneda, con la pequeña iglesia de Sant Miquel, al fondo.

El Valira d'Orient

El eje hídrico y viario que atraviesa buena parte del este del país es el Valira d'Orient; por aquí discurre la carretera CG-2 que atraviesa las viejas parroquias de Encamp y Canillo (la más antigua y extensa). Tierras de tradición y leyenda, estas parroquias cuentan con el espacio esquiable más grande del Principado y atractivos naturales de primer orden como los valles de Ransol e Incles, o los numerosos lagos de los circos pirenaicos. Son varios los atractivos culturales desde las iglesias románicas como Sant Joan de Caselles o Les Bons, sin olvidar el santuario nacional de Meritxell, a curiosos museos. La carretera atraviesa el Port d'Envalira y llega al enclave de Pas de la Casa, ya en la vertiente atlántica y mirando a Francia.

Encamp

La antigua *Hencampo* compartía con Canillo, desde 1672, un territorio conocido como Terreny de la Concòrdia que dirimía litigios sobre derechos de pasto en la zona. Encamp fue tradicionalmente una de las zonas más agrícolas del país con grandes rebaños de ganado vacuno y lanar que desde tiempos remotos tenían que hacer la trashumancia de invierno a tierras del departamento francés del Ariège. De la actividad agraria queda constancia en el paraje conocido como los **Cortals d'Encamp,** ascendiendo a la estación de Grandvalira por la carretera CS-220.

El entramado urbano de Encamp consta de los antiguos pueblecitos del **Tremat, La Mosquera** y **Les Bons** que ahora son barrios de Encamp. Precede a la población la construcción característica de la antigua **Radio Andorra,** un gran edificio de granito que imita en su torre neorrománica a la iglesia de Santa Coloma. La emisora data de 1939 y tuvo una importancia en las emisiones realizadas durante la dictadura franquista. Antes de llegar a Encamp junto al caudaloso Valira d'Orient, previo a desaguar en el Valira, se halla el edificio de carácter industrial que ahora es el curioso **Museo de la Electricidad** (MW) que explica, entre otras cosas, el funcionamiento de la maquinaria que suministra la electricidad consumida en el Principado.

A 7,5 km de Andorra la Vella por la CG-2
L2, L3, L4 varias paradas, la más céntrica la 202 o Plaça del Consell

Departament de Promoció i Turismo
Plaça del Consell, 1
376 731 000
Lun-sáb 9-13 h y 15-19 h, dom en verano 9-14 h
www.comuencamp.ad

Funicamp
Avinguda del Torrent
376 834 011
turismefunicamp@encamp.ad

Comú d'Encamp
Plaça dels Arinsols, 1
376 873 200
www.encamp.ad

◄ Casa del Comú en Encamp. Abajo, cartel explicativo.

SANTA EULÀLIA D'ENCAMP *

Es un templo de origen románico que ha sufrido muchas modificaciones. Las realizadas en el siglo XVII conformaron las hechuras actuales. Las obras llevadas a cabo en 1925 acabaron por derruir el ábside románico que apenas con-

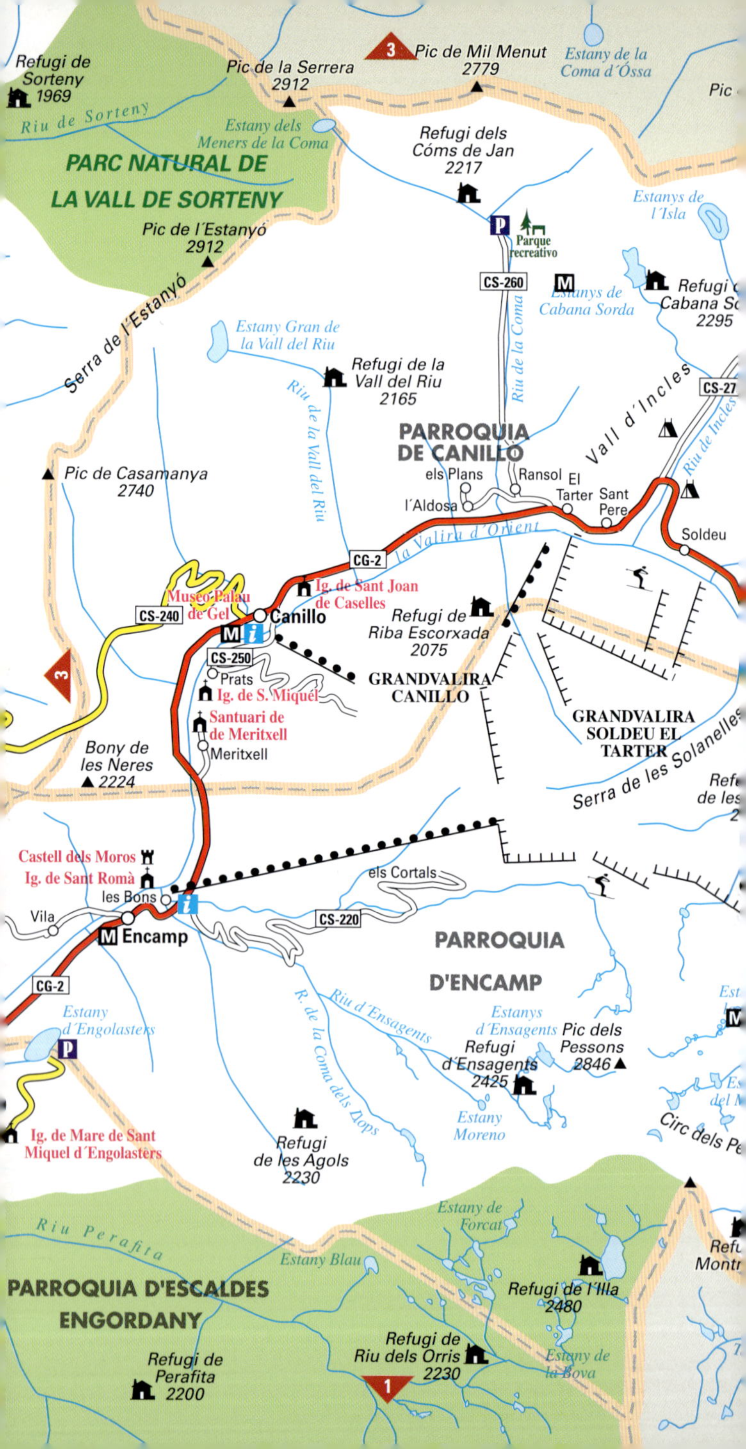
Refugi de Sorteny 1969
Pic de la Serrera 2912
Pic de Mil Menut 2779
Estany de la Coma d´Óssa
Riu de Sorteny
Estany dels Meners de la Coma
Refugi dels Cóms de Jan 2217
PARC NATURAL DE LA VALL DE SORTENY
Estanys de l´Isla
Pic de l´Estanyó 2912
Parque recreativo
CS-260
Estanys de Cabana Sorda
Serra de l´Estanyó
Estany Gran de la Vall del Riu
Refugi de la Vall del Riu 2165
Riu de la Vall del Riu
Riu de la Coma
Vall d´Incles
PARROQUIA DE CANILLO
Pic de Casamanya 2740
els Plans
Ransol
El Tarter
Sant Pere
l´Aldosa
Riu de Incles
Soldeu
la Valira d´Orient
CG-2
Museo Palau de Gel
Ig. de Sant Joan de Caselles
CS-240
Canillo
Refugi de Riba Escorxada 2075
CS-250
Prats
Ig. de S. Miquél
GRANDVALIRA CANILLO
Santuari de de Meritxell
Meritxell
GRANDVALIRA SOLDEU EL TARTER
Bony de les Neres 2224
Serra de les Solanelles
Castell dels Moros
Ig. de Sant Romà
els Cortals
les Bons
Vila
Encamp
CS-220
PARROQUIA D'ENCAMP
CG-2
Estany d´Engolasters
Riu d´Ensagents
R. de la Coma dels Llops
Estanys d´Ensagents
Pic dels Pessons 2846
Refugi d´Ensagents 2425
Estany Moreno
Ig. de Mare de Sant Miquel d´Engolasters
Refugi de les Agols 2230
Estany de Forcat
Riu Perafita
Estany Blau
PARROQUIA D'ESCALDES ENGORDANY
Refugi de l´Illa 2480
Refugi de Riu dels Orris 2230
Estany de la Bova
Refugi de Perafita 2200

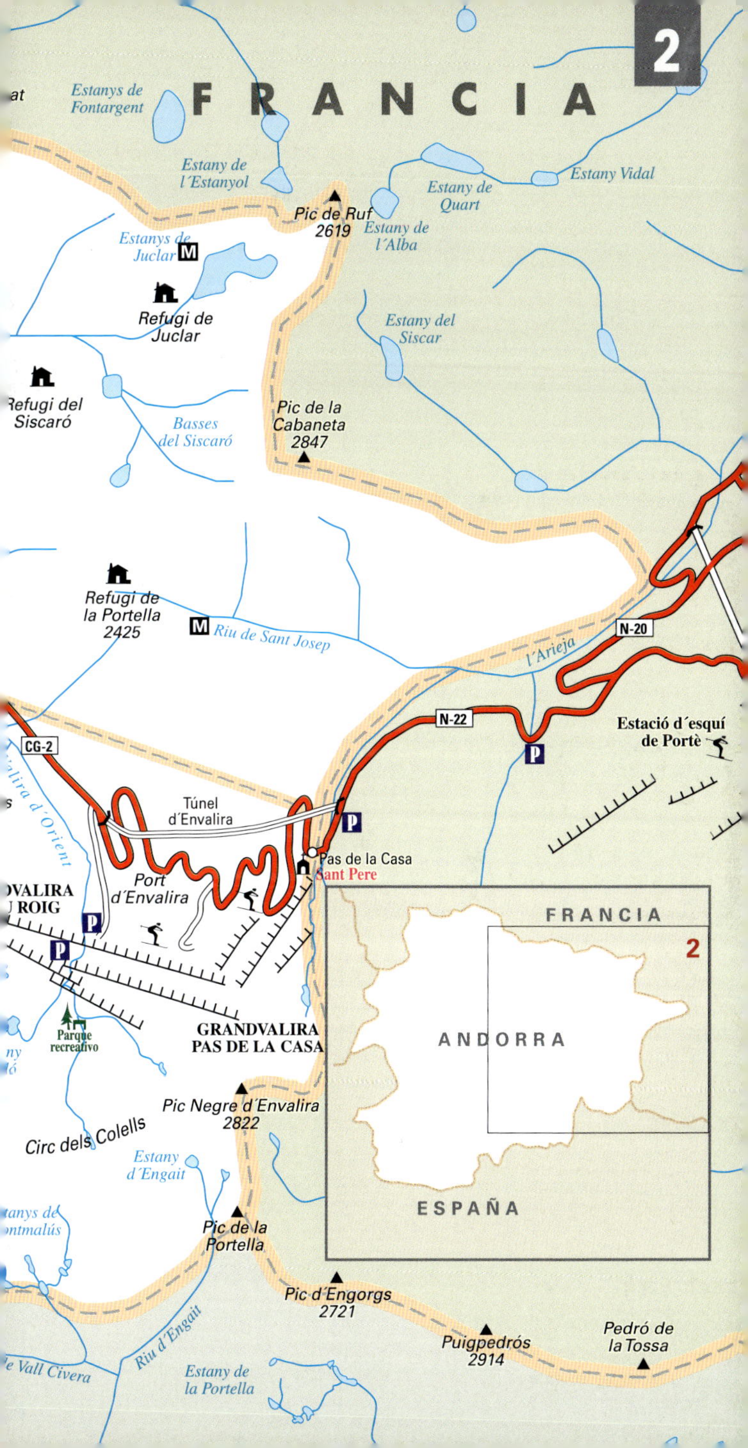

2
FRANCIA
Estanys de Fontargent
Estany de l´Estanyol
Pic de Ruf 2619
Estany de Quart
Estany Vidal
Estany de l´Alba
Estanys de Juclar
Refugi de Juclar
Estany del Siscar
Refugi del Siscaró
Basses del Siscaró
Pic de la Cabaneta 2847
Refugi de la Portella 2425
Riu de Sant Josep
l´Arieja
N-20
N-22
CG-2
Estació d´esquí de Portè
Túnel d´Envalira
Pas de la Casa
Sant Pere
Port d´Envalira
Parque recreativo
GRANDVALIRA PAS DE LA CASA
Pic Negre d´Envalira 2822
Circ dels Colells
Estany d´Engait
Pic de la Portella
Pic d´Engorgs 2721
Puigpedrós 2914
Pedró de la Tossa
Riu d´Engait
Estany de la Portella
FRANCIA
2
ANDORRA
ESPAÑA

► Iglesia de Santa Eulàlia d'Encamp.

Oficina de Turismo de Encamp
731 000
turisme@encamp.ad
www.encamp.ad

Museo de Arte Sacro de Santa Eulàlia d'Encamp
Placeta de Santa Eulàlia
AD200 Encamp
376 833 551
casacristo@encamp.ad
www.encamp.ad

serva su primitiva estampa románica. No es así su esbelto **campanario** que data del siglo XII aunque tenga apariencia de recién restaurado, la verdad es que se conserva prácticamente intacto. Esto se debe a un desafortunado remozamiento de los muros en que se eliminó el enlucido ajustando sus bloques de piedra con cemento. Se trata del campanario más elevado de Andorra y con sus más de 20 m de altura está algo inclinado. Es de planta cuadrada donde se elevan tres pisos con ventanas geminadas y arquillos lombardos. Destaca claramente los orificios donde se apoyaba el andamio para la edificación de la torre. En el interior se conserva una **pila bautismal** románica, también del siglo XII, que presenta una esquemática decoración de tipo geométrico. Del interior también destaca su **retablo barroco** del siglo XVIII en el altar mayor.

Junto a la iglesia existe un pequeño **museo de arte sacro** que expone objetos litúrgicos procedentes de los templos de la parroquia. Tiene tres salas: una dedicada a la orfebrería, otra al papel y otra al textil. La pequeña torre que se eleva junto al pórtico, es lo que se conoce como *comunidor,* lugar donde se hacían los rezos para evitar fuertes tormentas o granizos que afectaban las cosechas o pedir lluvia en época de sequía.

MUSEO ETNOGRÁFICO CASA CRISTO *

¿Cómo vivía una familia humilde campesina a finales del siglo XIX? El edificio es una casa estrecha que presenta tres plantas con detalles de la vida cotidiana de la Andorra del aquel entonces. La Oficina de Turismo hace actividades como "los atardeceres campestres", durante los meses de invierno, los viernes y sábados a las 18 h. A los visitantes se les ofrece una tostada con embutido típico del país y un vaso de vino. Otra visita se realiza a la luz de las velas, en julio y agosto, todos los miércoles a las 22 h, siempre con reserva previa obligatoria. Se ofrece a los asistentes un vaso de vino rancio y chocolate.

Próximo se halla el singular y moderno edificio del **Comú** donde predomina el vidrio, así como **Sant Joan de la Mosquera,** rústica construcción de los siglos XI-XII reformada en el siglo XIX.

Dels Cavallers, 2, La Mosquera, AD200 Encamp
376 833 551
Jul-ago 9-19 h, dom. 10-14 h
sep-jun lun-sáb 9.30-13 h y de 14.30-18 h, dom cerrado
casacristo@encamp.ad
www.encamp.ad

MUSEU NACIONAL DE L'AUTOMÒBIL *

Una rica muestra de ejemplares únicos de automóviles, los más antiguos datados en 1885: máquina de vapor marca Pinette. El reducido espacio donde se muestran tantos automóviles también tiene una notable colección de motos, bicicletas antiguas, así como miniaturas, pósters, accesorios diversos...

Avda. de Joan Martí, 64
AD200 Encamp
376 832 266/ 839 760
De 10-14 h
museusandorra@gmail.com
www.museus.ad

◄ Muestra de automóviles antiguos en el museo de Encamp.

▶ Caserío de Les Bons. Sobre estas líneas, un detalle del altar de Sant Romà, con los restos de pinturas románicas en el ábside.

✉ Avenida de Rouillac, AD200 Encamp

CONJUNTO MONUMENTAL DE LES BONS ***

Al noreste de Encamp, sobre un pequeño cerro, se halla un interesante conjunto que aún conserva algunos vestigios como la torre de un pequeño castillo y una interesante iglesia románica que a modo de mirador observa el desarrollo urbanístico del valle.

Sant Romà de les Bons es un edificio de planta rectangular y ábside semicircular con arquillos lombardos con su cabecera situada a levante. Tiene un campanario de doble espadaña y un rústico pórtico que protege la entrada. Esta se realiza a poniente mediante una puerta rematada en arquivolta y friso en diente de sierra. La cubierta se sostiene con dos arcos torales que pueden observarse claramente desde el interior, iluminado por dos ventanas que se abren a mediodía y dos más en el ábside.

En el altar románico de Sant Romà se encontró una lipsanoteca que ha permitido datar la consagración del templo en el año 1164 por el obispo Roger Bernat d'Urgell. Hay también un **retablo** gótico del siglo XVI, de bella factura y dedicado al santo titular. En el Museo Nacional d'Art de Catalunya se conserva parte de la decoración pictórica original de la iglesia, donde se representan escenas de los apóstoles y un fragmento del pantocrátor que tiene algunas características similares al de Sant Miquel d'Engolasters. Subsisten, no obstante, interesantes

murales del siglo xv que representan el Juicio Final y sus pecados capitales.

Alrededor del templo se observan restos de muros y edificios generalmente de plantas cuadradas y rectangulares. Se trata del antiguo conjunto medieval y el castillo mal llamado **Torre dels Moros.** Llama la atención la gran estructura de cemento colocada para evitar que se derrumben los primitivos muros que restan de la torre del homenaje. Tiene planta cuadrada y una altura de casi 12 m, en los que se distribuían cuatro estancias. En la parte superior de los muros quedan los restos de los baluartes defensivos. Al parecer el edificio es una obra militar del siglo xii o xiii reformado en el siglo xvii. Según la tradición popular, este fue un castillo de moros y existen algunos elementos como la cisterna del castillo que están relacionados con la leyenda de que esta parte era del baño de la reina mora. Sin embargo no existe ningún elemento atribuible a ese origen tan remoto. Hay dos torres modernas que no tienen ningún carácter defensivo pues son palomares.

MERITXELL ***

Se trata de un caserío disperso junto a un barranco que da al Valira d'Orient ubicado en la parte sur de la parroquia de Canillo y donde se levanta el famoso **Santuario Nacional de Meritxell** que cobija a la patrona de Andorra. Del viejo

Desde Andorra la Vella 11 km por la CG-2 y la CS-230 antes de Canillo

L2-L3 parada 101 Meritxell

▲ Cruz de los Siete Brazos.

santuario poco resta tras el incendio acaecido en 1972, cuando se destruyó el edificio original del siglo XVI y la talla románica de la Virgen. En 1976 se consagró el nuevo templo que es obra del conocido arquitecto Ricardo Bofill. El edificio tiene notables dimensiones y a pesar de estar un poco integrado en el paisaje no se libra del impacto visual. Sus formas de carácter vanguardista juegan con arcos y torres, que combinan el blanco con el color grisáceo de la piedra y se enmarcan en una amplia y luminosa planta de cruz latina con claustro lateral. Además de la reproducción de la Virgen hay figuras del escultor Sergi Mas dedicadas a los siete patrones de las siete parroquias.

El origen del santuario está ligado a la tradición de vírgenes halladas que, a lo largo de los siglos, fueron objeto de devoción. La imagen actual de la virgen es una copia del original destruido. Cuenta la leyenda que la imagen fue encontrada el día de Reyes, cuando los aldeanos se dirigían a misa y se percataron de la presencia de un rosal de montaña verde con flores en aquel gélido invierno. Al acercarse vieron que en el lugar había una cueva que cobijaba la imagen de una virgen y el niño. Los devotos feligreses cargaron con la imagen y la depositaron en el pueblo de Canillo, pero al día siguiente la imagen desapareció volviendo al lugar de origen. En otra ocasión los aldeanos de Encamp la llevaron a su parroquia pero la Virgen siempre volvía al primitivo lugar. Al final con el acuerdo de los parroquianos de Canillo y Encamp se construyó el santuario: el corazón y centro del Principado. La Diada en honor a la Virgen es fiesta nacional y se celebra el 8 de septiembre.

► Santuario de Meritxell, obra de Ricardo Bofill de 1976.

▲ Ventanas en una casa típica.

◄ Iglesia de Sant Miquel de Prats.

PRATS **

A este núcleo rural se accede desde una carretera secundaria desde Canillo (parroquia al que pertenece), o bien por un sendero o antiguo camino real que parte desde el santuario de Meritxell, siguiendo una ladera.

El diminuto núcleo agrario se cita en documentaciones andorranas del siglo XIV. Vale la pena detenerse y visitar la iglesia románica de **Sant Miquel de Prats.** Un monumento poco visitado pero que tiene un gran encanto y, a pesar de su tamaño, ofrece una rusticidad llena de detalles. La planta del edificio es rectangular con un ábside semicircular añadido. El terreno desnivelado no deja apreciar el conjunto al completo, aunque lo más llamativo está en la fachada principal, rematada con doble espadaña con arcos de medio punto. La portada presenta una arquivolta en degradación sobre el arco apuntado. Tanto los arcos de la espadaña como la puerta están adovelados con piedras de toba, material de poco peso pero de robustez que servía, a menudo, para aligerar estructuras permitiendo por ejemplo la proliferación de arcos apuntados a partir del siglo XIII que es la fecha probable de su construcción. La rústica puerta presenta trabajos en hierro forjado así como una pequeña pila bautismal adosada junto a la entrada al pequeño cementerio lateral.

En los alrededores se pueden visitar el enigmático **Roc de les Bruixes,** un enclave donde hay grabados medievales del siglo XIII que representan un grupo de guerreros y un jinete a caballo junto a lo que se supone es una torre de un castillo.

✉ A 13 km desde Andorra la Vella por la GG-2 y CS-250 desde Canillo

ℹ La iglesia no se abre al público, salvo en contadas celebraciones

¿Sabías que...?

Desde el Roc de les Bruixes, bajando a Canillo por el antiguo camino real sale al encuentro la famosa **cruz de los Siete Brazos** *(creu dels Set Braços),* que representa al Cristo crucificado. Curiosamente de la cruz solo restan seis brazos ya que la leyenda le atribuye un episodio con el diablo, cuya presencia (el mal) estuvo muy arraigada en la tradición popular. La pieza original se halla expuesta en el vestíbulo del Comú de Canillo.

Canillo

Canillo es una de las capitales de parroquia menos poblada pero con más extensión: una cuarta parte de la superficie de Andorra. El pueblo se puede abarcar con la vista cuando se pasa por la carretera que lleva a Ordino y el Valira del Nord por el Coll de Ordino (CS-340).

- A 13 km de Andorra la Vella por la CG-2
- L3, L4 paradas Aina 118, Plaça de l'Areny 114, Palau de Gel 112

Oficina d'Informació i Turismo de Canillo

- Avda. Sant Joan de Caselles
- 376 753 600
- Lun-vie 8.30-17 h
- vdc@canillo.ad www.vdc.ad

Sant Serni de Canillo

- Plaça de Sant Serni al final del Carrer Major, AD100 Canillo
- 15 jun-15 sep lun-dom. 10-13 h y 16-19 h

Uno de los edificios más grandes y más característicos de la localidad es el **Palau de Gel d'Andorra,** que se ubica a la entrada de la población. En el Palau de Gel se puede practicar patinaje sobre hielo y otras actividades como el squash, natación, sauna o gimnasia. También acoge los partidos de jockey sobre hielo y se celebran también festivales internacionales de patinaje artístico.

De Canillo narra don Francisco Zamora en su viaje de 1788: "En Canillo hay 56 fuegos, y maestro de niños... El queso, la manteca y jamones de Canillo son los mejores de Principado. El pueblo es el más rico por la abundancia de ganados...". Hoy en día conserva cierto tipismo a pesar de las grandes construcciones hoteleras de la periferia que van reduciendo a la mínima expresión su carácter rústico.

Bajo las laderas del río de Montaup y en la parte más solana del valle se extiende la parte más antigua del pueblo que escala con sus puentes entrelazados el arroyo. En la parte superior se halla la **iglesia** parroquial **de Sant Serni de Canillo,** un edificio rehabilitado en el siglo XVII sobre una primitiva estructura románica. La esbelta torre románica de 17 m (la más alta del Principado), también reedificada, destaca del conjunto. En el interior del templo hay una **pila bautismal** y otra de agua bendita de factura románica, ambas del siglo XII. También se puede apreciar el **retablo** dedicado al obispo de Tolosa en el siglo III y la talla gótica de un cristo del siglo XIV.

Otro punto de interés del barrio antiguo lo constituye el **Molí Vell,** que todavía conserva sus características originales. También existen referencias a un castillo que dominaba la parte alta de la solana, señoreando la antigua localidad y del que nada resta.

▶ Vistas del interior y exterior de Sant Joan de Caselles.

SANT JOAN DE CASELLES ***

- A 12 km desde Andorra la Vella por la CG-2 Bus L3, L4 parada 119
- De mediados de julio a mediados de septiembre se puede visitar la iglesia de 11 a 19 h. El resto del año contactar con la Casa de colònies Aina (telf. 851 434, www.aina.ad)
- Entrada gratuita

Bello y notable edificio de proporciones armónicas y equilibradas que enmarca un trasfondo de montañas nevadas. La nave del templo es de planta rectangular y se remata con un ábside semicircular sin ornamentaciones. La puerta, acabada en arco de medio punto, se abre por el lado contrario al habitual, que corresponde a mediodía. Un acogedor pórtico protege la entrada, y en el mismo lado se levanta el rústico campanario de tres plantas adosado al pórtico. Son en total dos pórticos construidos hacia los siglos XVI-XVII.

En el interior, y presidiendo el altar, se ubica un bello y reseñable **retablo gótico.** Una obra de 1525 con escenas de la vida y martirio de San Juan Evangelista y con imágenes de la pasión en su base. Su estado de conservación es muy bueno y mantiene los colores originales de su policromía que se restituyeron después de la restauración realizada en 1963. El retablo con influencias del Renacimiento italiano está protegido por una arcaica reja de hierro forjado.

A raíz de los trabajos de restauración fue descubierto un **conjunto mural** románico, con el Cristo Majestad central, realizado en estuco, que es la auténtica joya y la curiosidad de Sant Joan. El Cristo es la figura central del tema y divide la escena en cuatro partes. En la parte superior derecha del crucificado se sitúa el sol y, en la parte inferior, un soldado romano con la lanza hiriente y el nombre inscrito "Longinus". En la parte superior izquierda figura la luna y en la parte inferior, otro soldado, "Stephanom", que porta lanza y un cubo en la mano cuyo contenido tradicional es el vinagre. En el extremo superior de la cruz se observa la franja de estrellas y la flor de lis superpuesta. Es el momento de la expiración de Cristo lo que se representa de una forma muy sencilla y a la vez cargada profundamente de simbolismos.

Museu de la Moto
Carretera General 2, s/n
376 853 444
Cerrado temporalmente
s.amoros@canillo.ad
www.museus.ad

Las características formales de la obra la convierten en un ejemplar muy escaso en toda la Península. El conjunto es del siglo XII y su estado de conservación es algo deficiente. Junto a la iglesia se halla una antigua **necrópolis** con un total de 30 tumbas excavadas en la roca que se remonta al siglo XI.

Junto al templo, en la parte baja del aparcamiento, se ubica el **Museo de la Moto,** que posee una extensa colección de motocicletas de todas las épocas y fabricantes.

Algo más arriba existe un **rocódromo,** y un poco más arriba la **Cascada de Moles,** que era ya elogiada por su belleza por diversos viajeros de los siglos pasados.

Desde Andorra la Vella 16-19 km por la CG-2
L3, L4 paradas Soldeu 172, El Tarter 152, Cruïlla Ransol 142

RANSOL, SOLDEU Y EL TARTER **

Ransol es una aldea que conserva un regusto rústico y bien cuidado pero que se diluye entre las pletas y urbanizaciones que han crecido entorno a las vecinas pistas de Soldeu-El Tarter. A la salida del pueblo existe una bifurcación: la carretera que sube a la izquierda lleva hasta **Els**

Plans, donde hay una urbanización. La opción que asciende por la derecha conduce a una de las zonas naturales más reseñables del Principado la **Coma de Ransol,** un valle formado en tiempos del Cuaternario por la enorme excavación de una cubeta glaciar. El nombre de *coma* en lugar de *vall* suele indicar que se trata de la parte alta del valle, del lugar donde se ensancha la cabecera del circo glaciar. La carretera remonta el río de Ransol y lleva al **refugio de Cóms de Jan** en un paisaje alpino que sorprende. En el lado de la solana, el terreno es mucho más escarpado y la vegetación disminuye progresivamente.

En la parte alta de la ladera dominan impresionantes cumbres como la del **Pic de l'Estanyó** (2.912 m), el **Pic Cabaneta** (2.863 m) y el de **Serrera** (2.913 m). Estas cumbres destacan en el horizonte del noroeste, confiriendo al paisaje un aire majestuoso. Las plácidas aguas del río descienden sin prisa formando algunos llanos encharcados junto a los cuales se puede observar algún pino centenario. Un sendero bien señalizado lleva en unos 45 minutos al refugio de Cóms de Jan. Existe una zona de acampada con barbacoas y mesas de piedra. Desde esta zona se pueden realizar excursiones para los más experimentados al Pic de Serrera por el Coll de la Mina o a los **estanys de Meners.**

Volviendo a la carretera principal se llega a **El Tarter** situado en la solana con su estampa de poblado antiguo y su **capilla de Sant Pere.** Enfrente hay un gran estacionamiento y la estación de esquí **Soldeu-El Tarter,**

▲ Ransol, pequeño núcleo asentado junto a un circo glaciar.

◄ Estampa invernal de la localidad de Canillo, capital de la parroquia homónima.

englobada en el espacio esquiable de **Grandvalira.** Es una zona de compras de material relacionado con actividades de montaña. También destaca una fábrica de perfumes. La **Pleta de Sant Pere** es un lugar que tiene un animado ambiente nocturno.

Soldeu por su parte es el pueblo más elevado del Pirineo y uno de los más elevados de la Península. Tiene un acceso a las pistas de esquí razón por lo que se ha modificado mucho la fisonomía descrita por los viajeros como pueblo aislado de montaña. Aquella aldea con pocas casas donde reponían las caballerías antes del pasar el **Port d'Envalira** ahora es un activo núcleo lleno de esquiadores, hoteles, restaurantes, apartamentos y comercios.

Justo antes de llegar al núcleo un desvío lleva al encantador paraje natural del **Vall d'Incles**, uno de los mejores lugares para hacer excursiones.

VALL D'INCLES ▶38) ***

GRANDVALIRA ▶32) ***

PAS DE LA CASA *

28 km desde Andorra la Vella por CG-2
L4 Parada de l'Església 201

Oficina de Turismo
376 755 100
turismepas@encamp.ad
www.encamp.ad

Perteneciente a la parroquia de Encamp, se trata de un activo núcleo, ubicado después del Puerto de Envalira, el más alto de los Pirineos (2.408 m), al que se llega por

carretera o por un nuevo túnel que desemboca junto a la población y la frontera, cuyo puesto fronterizo ya se halla en Francia. El núcleo urbano lleno de tiendas, hoteles y restaurantes, muy dirigidos al público francés, tiene escaso interés arquitectónico aunque sí de servicios pues desde él se accede a las pistas de esquí de **Pas de la Casa-Grau Roig,** englobadas en el dominio esquiable Grandvalira.

Nada tiene que ver la imagen bucólica y pintoresca que ofrecía el lugar a inicios del siglo xx, cuando era un lugar de pastoreo en época estival. Solo existía una única construcción conocida como la "Cabana del Vaquer". Se conocía el lugar como Pas de Bac hasta la llegada de la carretera y las primeras mercancías y correos desde Francia que popularizó rápidamente la zona en 1903.

Aunque mira a la vertiente atlántica, Pas de la Casa pertenece a Encamp estando muy retirada de la capital parroquial por lo que se respira cierto sentimiento de ser una octava parroquia del Principado. La villa tiene una iglesia dedicada a **Sant Pere.**

Desde Grau Roig se pueden realizar interesantes excursiones (fuera de la época invernal) a los contrafuertes del Pic y **estanys d'Ensagents,** el circo y **estanys dels Pessons** o el **estany de les Abelletes,** fácilmente accesible pasado el Port d'Envalira y ya cerca del Pas de la Casa.

▼ Grandvalira, uno de los dominios esquiables más atractivos de todos los Pirineos, ofrece diversiones y actividades en cualquier época del año.

El Valira del Nord

Esta área de montaña abarca el tercio noroeste del Principado de Andorra y administrativamente corresponde a las parroquias altas de La Massana y Ordino, tierras marcadas por la extracción del hierro y hoy volcadas al turismo de nieve que se resumen en las pistas del dominio esquiable de Vallnord (Pal-Arinsal y Arcalís) y el ecoturismo (Parques Naturales de la Vall de Sorteny así como les Valls del Comapedrosa). Eso, sin olvidar los alicientes culturales, las vías ferratas, sus bellos núcleos rurales o iglesias románicas como la Cortinada.

La Massana

Capital de la parroquia homónima que limita al noroeste con el Ariège (Arieja) francés, por el oeste con el Pallars Sobirà y al sureste con el Alt Urgell. Esta parroquia también tiene el techo del país en el Comapedrosa, con 2.492 m.

◄ Iglesia de Sant Cristòfol, en Anyós.

▼ La Massana, desde el teleférico que asciende a las pistas de Vallnord.

Confluyen en la localidad diversas cuencas hidrográficas. Por un lado, el Valira del Nord que viene de Ordino y por otro lado, el río de Arinsal y el de Pal que se unen en Erts aumentando el aporte hídrico hasta la base del valle. Un valle amplio, luminoso y que está a buen abrigo de los fríos vientos del norte. Casi toda la superficie cultivable se emplea para las plantaciones de tabaco aunque la colonización dominante, en la base del valle, son muchos edificios comerciales y de apartamentos que rodean la vieja Massana. Así la parte más antigua apenas se vislumbra entre toda la aglomeración urbana. Sin embargo persisten viejas casas que se escalonan por la ladera solana. Cruza esta zona el **Carrer Major**, que conduce a la **Plaça Major**. Aquí se encuentra la **iglesia parroquial de Sant Iscle i Santa Victòria**, que exhibe un aspecto recio y un campanario acorde con sus orígenes del siglo XVII. En el interior destaca un altar barroco y una pila de agua bendita, del siglo XII, considerada de la mejores de Andorra.

En el recorrido por la parte antigua se pueden observar casas antiguas remozadas con la piedra vista y el edificio del **Comú**, que es desde donde se administra la parroquia. Una de las visitas más interesantes en La Massana es el

- 6,5 km desde Andorra la Vella por la CG-3
- L5, L6 varias paradas: Centre Vila 416

Oficina d'Informació de les Valls del Nord

- Pl. de les Fontetes
- 376 835 693
- Lun -sáb 9-13 h y 15-19 h, dom 9-13 h y 15-18 h
- Desde la Oficina de Información se organizan visitas y excursiones al parque de les Valls del Comapedrosa y visitas teatralizadas por los pueblos, en verano

Farga Rossell Centro de Interpretación

- Av. del Través, s/n, AD400 La Massana
- 376 835 852/ 839 760 museusandorra@gmail.com www.museus.ad
- De 10-14 h

▲ Erts.

Centre d'Interpretació de la Farga Rosell, uno de los testigos mejor conservados en el Pirineo de cómo se realizaba el trabajo del hierro con los elementos más tradicionales, y donde incluso puede verse en funcionamiento uno de sus dos enormes mallos. Fue la última fragua abierta en el país hasta 1876. Construida entre 1842 y 1846, hoy forma parte de una visita imprescindible dentro de la "ruta del ferro", que permite unir diversos puntos relacionados con la antigua industria de este metal en Andorra.

En la **plaza de les Fontetes** y dentro de la proliferación de museos temáticos en el Principado se halla el curioso **Museo del Cómic,** para los amantes del tebeo, con exposiciones de autores internacionalmente consagrados y talleres dirigidos por un reconocido ilustrador.

Por encima de La Massana y a 1.383 m se ubica el pequeño núcleo de **Escàs,** que permite ver en perspectiva la distribución urbana de la vecina capital de parroquia. Igualmente el telecabina que sale desde La Massana a las pistas de esquí de Pal permite una visión completa de La Massana y buena parte de la parroquia.

Museo del Cómic
- Plaça de les Fontetes, s/n AD400 La Massana
- 376 736 900/ 838 919
- mar.-vie. 15-19 h, mié. 10-14 h sáb. 10-14 h y 15-19 h
- www.lamassana.ad

ANYÓS **

A este pueblo ubicado en un estratégico altozano se llega bien por moderno **túnel de les Dos Valires** que como su nombre indica comunica los dos ríos Valiras. También se puede llegar por un recorrido más pintoresco que pasa por el desfiladero de la Grella donde se sitúa la rústica **ermita de Sant Antoni de la Grella,** patrón de los *traginers,* así como el **puente románico de Sant Antoni** que con un

- Desde Andorra la Vella 6,5 km por la CG-3 y la CS-335 antes de La Massana
- Bus L5, L6 parada 403

solo arco adovelado atraviesa el caudaloso y encajado Valira del Nord.

Del conjunto urbano, predilecto entre la colonia de residentes ingleses, destaca, separada sobre un altozano, la **iglesia de Sant Cristòfol d'Anyós,** que por su ubicación domina una excelente panorámica. De origen románico enmascara un sinfín de reformas que no le han hecho perder su aspecto rural. La nave del templo es muy pequeña, como son casi todos sus elementos. La estructura original, de la que apenas resta el ábside semicircular, data del siglo XII. En los años 30 se descubrió un fragmento de pinturas murales que por desgracia acabaron en manos privadas. Enmarcan el retablo del siglo XVI restos de pinturas del siglo XIII que tienen como tema a San Miguel y a San Cristóbal.

San Cristòfol

Visitas guiadas durante los meses de verano (julio y agosto) bajo reserva previa en la Oficina de Turismo de La Massana

Gratuito

I SISPONY **

Escondida localidad, es un lugar de arraigadas tradiciones y además acoge uno de los mejores y afamados restaurantes del Principado. El núcleo urbano todavía mantiene su encanto con sus casonas, la torre algo inclinada de su iglesia, así como algunos molinos que aprovechaban la fuerza hidráulica de las aguas del río Montaner. A la entrada de la población hay una fuente abrevadero y la

Desde Andorra la Vella a 6 km por la CG-3 y la CS-330 antes de la Massana

L5, L6 paradas Cruïlla de Sispony 404, l'Obac de Sispony 402

Museo Casa Rull

Carrer Major, s/n
Sispony AD400 La Massana

376 836 919, reservas: 376 839 760

museusandorra@gmail.com
www.museus.ad

◄ Sispony.

▼ Teleférico atravesando el Circ de Comapedrosa.

iglesia de Sant Joan, del siglo XVII, aunque al parecer reedificada sobre una fábrica anterior románica. En Sispony se puede visitar una casa tradicional, hoy convertida en museo, se trata de la magnífica **Casa Rull,** que era la vivienda de una de las familias más adineradas de La Massana. La casa, del siglo XVII, tiene una planta y dos pisos donde se escenifica cómo era la vida de estas familias pudientes de Andorra.

Desde la localidad parte una pista sin asfaltar que lleva al paraje conocido como **Els Cortals de Sispony,** un conjunto etnográfico de bordas andorranas ubicadas en un gran prado y al que se llega mediante una agradable excursión. La borda era un edificio que cumplía las funciones de casa provisional, establo y almacén donde se depositaba la hierba segada. El paisaje está dominado por la Serra d'Enclar que aquí muestra el efecto de las glaciaciones del Cuaternario produciendo monumentales huecos en el terreno. Los excursionistas más preparados pueden ascender al **Alto del Cubill** (2.358 m) y desde allí bajar a la localidad catalana de Os de Civís, pasando la Collada de Muntaner de 2.078 m.

PARQUE NATURAL COMUNAL VALLS DE COMAPEDROSA ***

12 km desde Andorra la Vella por la CG-4, CG5 después de Erts

L5 varias paradas: Sant Andreu 466, Aparcament d'Arinsal 467

Al norte de La Massana se hallan pequeños pueblos con sus coquetas capillas: **Erts** se levanta en un cruce de carreteras y acoge una sencilla pero rústica capilla del siglo XIX que se puede observar desde la carretera. **Pal** (▶37) es, sin duda alguna, el mejor conjunto urbano conserva-

◄ Borda en La Massana, construcción tradicional de las montañas andorranas.

do y puerta de entrada a las pistas de esquí. Finalmente **Arinsal,** un pueblo muy transformado por la cercanía de la estación de esquí y desde donde sale un funicular a pistas. Del antiguo asentamiento nos hablan los hallazgos arqueológicos encontrados bajo la pequeña **iglesia de Sant Andreu del Prat del Campanar**.

Desde el punto kilométrico 3 de la CG-5 se pueden empezar dos grandes excursiones de máximo interés y que entran en el Parque Natural de les Valls del Pedrosa. Se trata de un camino que lleva a **Comapedrosa** (el pico más elevado del Principado) y a los **estanys de Forcats** y **Montmantell.** La excursión introduce al viajero en una zona de alta montaña desde donde contemplar el espectáculo impresionante de grandes perfiles de montaña y circos glaciares. A dos horas de camino se alcanza el refugio del Pla de l'Estany a 2.050 m desde donde se puede acceder, en otra parte de la excursión, al estany de Montmantell o a los recónditos estanys Forcats a 2.629 m de altura.

Volviendo al GR-11 en el paraje de Aïgues Juntes se puede acceder al **Circ de Comapedrosa,** una de las excursiones más apreciadas por los amantes de la alta montaña. Existe un refugio cercano al estany de les Truites y para ascender a la cumbre del país a 2.942 m se requiere unas tres horas de ascensión a paso moderado.

El Parque Natural Comunal de les Valls del Comapedrosa se constituyó en el año 2006 para proteger una área de alta montaña próxima a las pistas de esquí de Arcalís, al norte y Arinsal, al sur de unos 15,50 km^2. Además del pico más elevado, los seis grupos de estanys glaciares más altos del Principado son un reclamo para los amantes de la naturaleza. A esta altitud, superior a los 2.500 m, se encuentran raras especies de flora endémica y de fauna. Existe una caseta de información en el dique de Arinsal, al inicio de la carretera de Comallempla, que está abierta durante el verano y que ofrece visitas guiadas desde principios de julio a mediados de septiembre.

Oficinas de turismo de La Massana y Ordino
Arcalís: 376 739 600
Arinsal y Pal: 376 878 000
vallnord@vallnord.com
www.vallnord.com

▲ Puente sobre el Valira en Sant Antoni de la Grella y escenas de Vallnord y Arcalís.

VALLNORD ***

El dominio esquiable de Vallnord con sus 93 km de pistas abiertas en cotas que van desde los 1.550 a los 2.625 m se divide en 3 sectores separados de norte a sur: **Arcalís, Arinsal** y **Pal** (▶37). Las dos últimas accesibles en funicular a unos 7 minutos de la la estación balnearia de Arinsal y La Massana, respectivamente. Se hacen actividades para familias, parejas, principiantes y no esquiadores donde existen tres escuelas de esquí para más de 250 esquiadores noveles. También hay tres parques infantiles y tres *baby clubes* para niños entre 1 y 4 años. Entre las múltiples actividades que se proponen en verano están la hípica en caballos y ponys, los *karts* eléctricos, los *karts* de montaña, *quads* de adultos e infantiles, tiro al arco, tirolina e incluso un tren infantil y un *pekepark* (zonas infantiles). Novedoso es el *gicaFer* que son salidas en un vehículo anfibio por el sector de Arcalís o el *láser combat,* una nueva versión del *paintball* tradicional. No hay que olvidar tampoco el enorme *bike park* que supone, mediante 23 circuitos de niveles diferentes, un total de 40 km de descensos.

De las actividades de nieve que se pueden realizar destaca el *muixing* o trineos tirados por perros, los *skibikes* y *trikke ski* (conducir bicicleta con esquíes), el *speedride* (modalidad que combina el esquí y el parapente), el mencionado *gicaFer,* el *jump* (acrobacias en el aire) o salidas nocturnas en motos de nieve.

Ordino

Se trata de una bella población, capital de una extensa parroquia de alta montaña, con pequeños núcleos diseminados a ambos lados del valle principal.

A 9 km de Andorra la Vella por la CG-3
L6 varias paradas 304, 302, 303, 305, 307

Oficina d'Informació i Turismo
Carrer Major, 20
376 878 173
Lun-sáb 8.30-13.30 h y 15-18.30 h, dom 9-14 h

La construcción de una urbanización o "pleta" cercana pero separada del pueblo ha permitido que la población mantenga un encanto de pueblo pintoresco de montaña. Así el núcleo urbano tiene casas poco elevadas y las habilitadas se han restaurado con acierto dando un valor elevado de conjunto arquitectónico tradicional. De las casonas de Ordino destacan la **Casa Fiter-Riba,** que conserva un palomar y una capilla anexa. Aquí estuvo alojado Mossen Cinto Verdaguer en su viaje a Andorra en 1882. En su recorrido a pie por las montañas andorranas, el poeta catalán, enamorado del Pirineo, estuvo dos semanas en Andorra. De esta casa procedía el Dr. Fiter i Rosell que fue autor del famoso Manual Digest.

La leyenda sitúa en esta localidad el paradigmático y legendario **castillo de la Meca,** ubicado probablemente en alguna loma de la villa. Don Francisco de Zamora quiso visitar el castillo y conocer su ubicación, allá por el año 1788 pero al parecer apenas quedaban restos. Otros cronistas llegan a hablar de un castillo de moros, tan antiguo, que ya nada quedaba en pie.

▼ Calle Mayor en Ordino.

Los principales edificios se levantan alrededor de la agradable y coqueta **Plaza Mayor,** donde todavía permanece el recuerdo de una argolla con cadena que antaño sirvió para castigar a quienes transgredían la ley. La **iglesia**

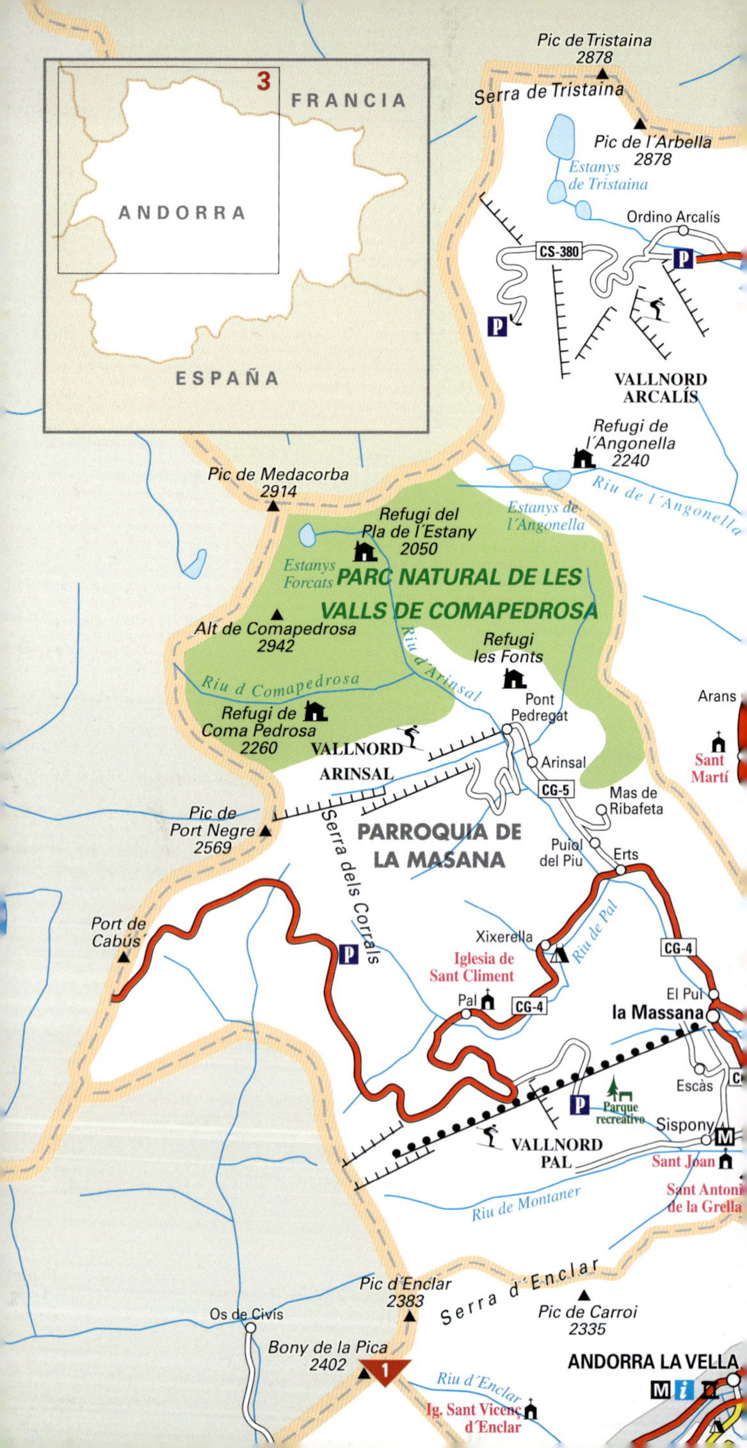
3
FRANCIA
ANDORRA
ESPAÑA
Pic de Tristaina
2878
Serra de Tristaina
Pic de l´Arbella
2878
Estanys de Tristaina
Ordino Arcalís
CS-380
VALLNORD ARCALÍS
Refugi de l´Angonella
2240
Riu de l´Angonella
Estanys de l´Angonella
Pic de Medacorba
2914
Refugi del Pla de l´Estany
2050
Estanys Forcats
PARC NATURAL DE LES VALLS DE COMAPEDROSA
Alt de Comapedrosa
2942
Riu d´Arinsal
Refugi les Fonts
Riu d Comapedrosa
Refugi de Coma Pedrosa
2260
VALLNORD ARINSAL
Pont Pedregat
Arinsal
Arans
Sant Martí
CG-5
Mas de Ribafeta
Pic de Port Negre
2569
Serra dels Corrals
PARROQUIA DE LA MASANA
Puiol del Piu
Erts
Port de Cabús
Xixerella
Riu de Pal
Iglesia de Sant Climent
CG-4
Pal
El Puí
la Massana
Escàs
Parque recreativo
Sispony
VALLNORD PAL
Sant Joan
Sant Antoni de la Grella
Riu de Montaner
Pic d´Enclar
2383
Serra d´Enclar
Pic de Carroi
2335
Os de Civís
Bony de la Pica
2402
1
ANDORRA LA VELLA
Riu d´Enclar
Ig. Sant Vicenç d´Enclar

3
Estany Blau
Fomt Blanca
2904
Estany de Solanet
l´Estanyol
PARROQUIA D'ORDINO
Refugi de Rialb
1995
Riu de Rialb
Parque recreativo
Refugi de Sorteny
1969
Pic de la Serrera
2912
Pic de Mil Menut
2779
CS-370
Riu de Sorteny
Estany dels Meners de la Coma
Refugi dels Cóms de Jan
2217
el Serrat
PARC NATURAL DE LA VALL DE SORTENY
Serrat de Coma Obaga
Refugi de Coma Obaga
2020
Pic de l´Estanyó
2912
CG-3
la Valira del Nord
Riu de Ferreroles
CS-260
Serra de l´Estanyó
Estany Gran de la Vall del Riu
Refugi de la Vall del Riu
2165
Riu de la Coma
Riu de l´Ensegur
Riu de la Vall del Riu
PARROQUIA DE CANILLO
els Plans
l´Aldosa
Pic de Casamanya
2740
Serra de l´Ensegur
ANDORRA
CG-2
Ig. de Sant Joan de Caselles
Museo Palau de Gel
CS-240
Canillo
Refugi de Riba Escorxada
2075
Castell dels Moros (la Meca)
Segudet
CS-250
Prats
Bosc del Coll d´Ordino
Ig. de S. Miquel
GRANDVALIRA CANILLO
Santuari de Meritxell
Meritxell
Ordino
CS-340
Bony de les Neres
2224
Martí de la Cortinada
Castell dels Moros
Ig. de Sant Romà
les Bons
els Cortals
CS-310
CS-210
Vila
Encamp
CS-220
PARROQUIA D'ENCAMP
Túnel dels Dos Valiras
Valira d´Orient
CG-2
Estany d´Engolasters
Riu d´Ensagents
R. de la Coma dels Llops
St. Romà dels Vilars
Els Vilars
Refugi d´Ensagents
2425
Estany Moreno
CG-2
Museo/Puente rom.
Ig. de Mare de Sant Miquel d´Engolasters
1
Refugi de les Agols
2230
Escaldes-Engordany
CS-101
Estany de Forcat

▲ Un par de rincones de la casa Areny-Plandolit.

está dedicada a los **santos Cornelio y Cipriano** (Corneli y Cebrià). Probablemente se remodela sobre los siglos XVII y XIX sobre una fábrica románica pues también aparece citada en el acta de consagración de la catedral de Urgell. Tiene su *comunidor* que era el lugar o torre empleada para exorcizar las tormentas, un rito pagano ancestral que fue prohibido por el obispo de la Seu d'Urgell. Lo más destacado se encuentra en el interior del templo con sus cinco bellos **retablos** barrocos protegidos por rejas de hierro procedentes de fraguas andorranas. La iglesia cobija una pequeña **talla románica de la Mare de Déu,** fechada en el siglo XII. Con solo 44 cm de altura es una de las más pequeñas existentes en Andorra. Un aliciente más de Ordino es el **Auditori Nacional,** donde se celebra el importante Festival Internacional Narciso Yepes, así como un amplio programa de música que va desde la clásica, pasando por música celta, al jazz.

Ordino es una localidad que ha sabido preservar su folclore tradicional como demuestran las fiestas estacionales y patronales. Desde Ordino se realizan interesantes rutas o vías ferratas como la del **bosque de Segudet.**

▲ Andorra cuenta con una eficiente red de oficinas de información turística.

CASA MUSEO ARENY-PLANDOLIT **

Carrer Major, s/n, AD300 Ordino
376 836 908/ 839 760
www.museus.ad
museusandorra@gmail.com

Una de las casas más poderosas e influyentes del Principado durante muchos años. Hoy acoge un interesante museo que muestra cómo era la vida de los andorranos adinerados como esta familia. Los Areny-Plandolit explotaban las fraguas más importantes del país: como la Farga de l'Areny de Ordino o la del Serrat, aguas arriba del Valira del Nord. Incluso las Minas de Meners en la cabecera de la Vall d'Incles suministraban materia a los Areny-Plandolit.

La casa-museo es un notable edificio del siglo XVII que ha sufrido reformas a lo largo de los años. Uno de los elementos destacados es el largo **balcón** de hierro forjado en las herrerías de la familia en el siglo XIX. Algunos personajes destacados de Andorra vivieron en el lugar como el destacado síndico Guillem Areny i Plandolit que fue uno de los artífices de la Nueva Reforma de 1866. La visita al edificio permite observar las distintas dependencias: caballerizas, bodegas, antiguos martinetes de tradición industrial, cocina, comedores, dormitorios...

Junto a la Casa Plandolit se halla la antigua borda del Roser que fue habilitada para albergar el singular **Museo Postal,** una amplia muestra de la historia filatélica del país (50.000 sellos) que hasta la actualidad emite sellos bajo la administración francesa y la Fábrica Nacional Moneda y Timbre española. Además de un pequeño vídeo se muestra los elementos relacionados con los procesos de elaboración e impresión de los sellos.

I LA CORTINADA **

La carretera general (CG-3) es uno de los más bellos recorridos a realizar por Andorra pasando por lugares pintorescos con prados con caballos, viejas herrerías, pueblecitos y, cómo no, iglesias románicas como la de La Cortinada. Entre los pueblos cercanos a Ordino están **Sornàs,** zona residencial que queda elevada junto a la carretera y donde se descubrieron en 1961 unos grabados de piedra datados en la Edad del Bronce.

Unas casonas graciosamente se adosan junto al río en el breve núcleo de **Ansalonga.** La Cortinada de todas formas es el lugar con más atractivos del área como demuestran sus dos pequeños museos y la iglesia románica de Sant Martí de la Cortinada.

El núcleo, algo disperso, tiene casas señoriales como **Cal Pal,** con un curioso palomar adosado a la vivienda.

11,5 km desde Andorra la Vella por la CG-3
L6 La Closa 304 es la parada más cercana

Muela y aserradero de Cal Pal
Carre de Pal, 1, La Cortinada AD300 Ordino
376 338 096
ot@ordino.ad, www.museus.ad

Centro de Naturaleza de la Cortinada
Casa Masover, el Vilar, La Cortinada, AD300 Ordino
376 849 849
Abierto de mayo a octubre
centrenatura@andorra.ad, www.calpalandorra.com

También tiene un aserradero del siglo XVI cerrado en los años 60 del siglo pasado y que hoy es un pequeño **museo** de carácter **etnológico,** donde se puede aprender cómo convertir el trigo en harina y cómo tallar madera con la sierra hidráulica. En la habilitada **Casa Masover** se halla el **Centre de Natura** de la Cortinada, que acoge una exposición permanente sobre la formación de los Pirineos y los fenómenos climatológicos que han modelado el paisaje andorrano. Hay también diversas exposiciones temáticas sobre fauna y flora del país.

SANT MARTÍ DE LA CORTINADA ***

- Desde Andorra la Vella 11 km (2,5 desde Ordino) por la CG-3
- Visitas guiadas de mediados de julio a mediados de septiembre. Contacto en Oficina de Turismo de Ordino
- Entrada gratuita

Destacado templo románico que a pesar de tener una estructura muy modificada conserva todavía el campanario románico de planta cuadrada y dos pisos con ventanas geminadas, decoración lombarda con arquillos ciegos y friso en diente de sierra. El templo de notables dimensiones (ateniéndonos al resto de iglesias andorranas) presenta planta cuadrada con capillas laterales y un ábside que parece fue añadido en época más reciente. En la fachada de mediodía destaca la puerta de acceso de origen románico, que se sustenta en arco de medio punto. La cabecera se abre con un arco toral que le proporciona una mayor amplitud. Por otro lado, el campanario se encuentra adosado en la fachada poniente, por lo que tenemos un templo de construcción algo atípica.

▲ Pinturas románicas de Sant Martí de La Cortinada, una de las mejor conservadas del Principado.

Lo más importante son las **pinturas murales** románicas que se descubrieron en una de las restauraciones realizadas en 1968. En este caso pueden contemplarse las pinturas originales que quedaron ocultas por el azar del destino, llegando por suerte hasta nuestros días. El conjunto mural es obra del mestre de la Cortinada del siglo XII. En realidad se trata de dos conjuntos de difícil interpretación, aunque los colores son muy vivos y las composiciones están llenas de detalles. Destaca la diferencia que se observa entre los personajes. Por un lado, santos y eclesiásticos con ropajes fastuosos, pero con carácter hierático en sus expresiones: representados frontalmente y sin movimiento, habitual en el románico andorrano. Por otro lado, contrasta con la representación de personajes secundarios que aparecen vestidos con sencillez y están plasmados en actitud de movimiento, efectuando actos de vida cotidiana.

Destacan también las **pilas bautismales** del siglo XII, así como los coquetos retablos barrocos y altares precedidos de rejas forjadas del siglo XVII. Otros elementos a observar son el carillón, el confesionario y los bancos que pueden adoptar dos posiciones de cara al altar mayor y de espalda.

PARQUE NATURAL DE SORTENY ***

La carretera principal pasa junto a tres pequeños núcleos rurales como **Arans, Llorts** con su coqueta iglesia de Sant Serni (siglo XVIII) y **El Serrat** que con sus 1.539 m es uno de los núcleos poblados más altos de este valle. Este pueblo que estaba trufado de bordas ganaderas se vio rodeado de urbanizaciones, hoteles y restaurantes tras la construcción de las pistas de esquí de Arcalís. Anterior al núcleo está el **puente románico de l'Estall** que fue trasladado desde Ordino a este enclave en 1980.

Pasado El Serrat, una pista ascendente conduce a la entrada del **Parque Natural de la Vall de Sorteny**, ideal para disfrutar de paisajes y excursiones, sobre todo en verano. Se constituyó por orden comunal en 1999 y protege un rincón del Principado de gran valor paisajístico y científico. El parque fronterizo con Francia tiene más de 700 especies fanerógamas, es decir, flores con órganos sexuales y reproductores de frutos (50 de ellas endémicas del Pirineo).

El parque se puede visitar con guías y hacer safaris fotográficos, o bien libremente siguiendo senderos interpretativos como el **camino del Grau de la Llosa,** el **sendero de la Ardilla** o el **sendero de la Marta,** que son animales típicos del parque. En invierno es posible realizar esquí de montaña y raquetas e incluso subir a los picos más elevados: Estanyó y la Serrera. Existe un refugio en la **borda Sorteny** a 1.969 m, desde donde programar la excursiones al Coll de la Mina o el Estany de l'Estanyó, en la cabecera del río Sorteny. La excursión al **Collada de los Meners** (2.775 m) se han de emplear dos horas en un recorrido sencillo y relajado que permite disfrutar de un paisaje inmerso en pinares y árboles caducifolios, realmente impresionantes en otoño.

Existe una caseta de información, a la entrada del parque, abierta de junio a septiembre. Fuera de esa temporada la información se facilita en la Oficina de Turismo de Ordino.

A 18 km de Andorra la Vella por la CG-3 y después del Serrat la CS-370 hasta la entrada del parque

www.visitandorra.com

▼ Valle de Sorteny.

Dónde...

Selección de direcciones

Restaurantes

Andorra la Vella

Versailles (C)
Ofrece excelentes platos de la cocina francesa, con un toque de diseño. Entre sus especialidades cabe destacar las otras gratinadas y el *foie mi-cuit*.
Carrer del Cap 1
376 821 331

Plat'in (C)
Sirve platos de la cocina internacional con especialidad en pasta casera y carnes a la brasa.
Carrer Bonaventura Riberaygua 8
376 861 001
www.plat-in.net

L'Escenari de Pizzes (E)
Pizzería tradicional y muy concurrida por público andorrano. La carta de pizzas es amplia y son muy buenas. Cabe destacar que el local es pequeño por lo que se recomienda reservar mesa.
Avda. Dr. Mitjavila 19
376 818 899

La pandemia por la covid-19
En Andorra se come y se cena un poco más temprano que en España.
En el momento de escribir esta guía se está sufriendo las consecuencias de la pandemia provocada por la covid-19. Por ello tantos los locales, hoteles y tiendas reseñados en esta parte de la guía pueden sufrir cambios de horarios, cierres temporales y limitaciones de aforos. Así hay que informarse antes de dirigirse a los establecimientos.

El Crostó (M)
Uno de los mejores lugares para saborear cocina tradicional andorrana. Suele estar abarrotado por lo que se recomienda reservar.
Cap del Carrer 7
376 862 931

És Andorra (C)
Se puede disfrutar de una cocina de autor con platos innovadores y elaborados con productos selectos, frescos y del país.
Les Canals 24
376 877 777
www.andorraparkhotel.com

Can Benet (C)
Negocio familiar con varios años en funcionamiento donde sirven especialidades de la cocina típica andorrana.
Antic carrer major 9
376 882 588

Plató (C)
Excelente cocina local con un toque de fusión en la planta baja del Arthotel.
Prat de la Creu 15-25
376 760 303
www.restaurantplato.com

Borda Pairal 1630 (M-C)
Acogedor y conocido establecimiento de cocina andorrana. Tienen una excelente bodega.
Calle Doctor Vilanova, 7
376 869 999

Restaurante and Burguer Zero (E)
Sirve una amplia variedad de hamburguesas preparadas con carnes de buena calidad. Tiene otro restaurante en Escaldes-Engordany.
Cap del Carrer 9
376 817 771

Minim's (M)
Cocina típica andorrana, donde es imposible quedarse con hambre.

Antic Carrer Major 5
376 867 511

Borda Estevet (M-C)
Ofrece una buena carta de platos de la cocina típica andorrana con especialidad en carnes a la brasa.
Carretera a Comella 2
376 864 026

Diplomatic (C)
Solo sirven cenas con una carta especializada en platos de la cocina internacional.
Avda. Tarragona AD500
376 802 780
www.diplomatichotel.com

Celler d'En Toni (C)
En funcionamiento desde hace más de cuatro décadas. Ofrece cocina de mercado con un toque creativo.
Verge del Pilar 4
376 862 750
www.cellerdentoni.com

El Tortell Pastisseria (E)
Lugar obligatorio para probar pasteles artesanales y distintos tipos de pan.
Ciutat de Valls 42-44
376 821 681

Don Pernil (M-C)
Su especialidad son las carnes a la brasa y las caracoladas. Es un lugar muy visitado por los andorranos.
Avda. Enclar 94, Santa Coloma
376 725 255

Escaldes-Engordany

Casa Canut (M-C)
Cocina tradicional andorrana especializada en pescados y mariscos. Es el restaurante del A Casa Canut Hotel Gastronòmic.
Avda. Carlemany 107
376 739 900

Don Denis (M)
Hay que probar los pescados y mariscos. También ofrece un excelente menú diario.
Isabelle Sandy 3
376 820 692
www.dondenis.com

San Marco (M)
Sirve platos de la cocina internacional.
Avda. Carlemany 115, 5°
376 860 999

Pizzería Xavier (M-C)
Pequeño, pero acogedor restaurante de calidad. Mención especial merece toda la repostería casera: el tiramisú, la panacota y el coulant de chocolate son espectaculares.
Carrer de Sant Antoni 3
376 822 810

Pizzería Veneto (E)
Una de las mejores pizzerías del Principado con pizzas al horno, *carpaccios*, pastas y frescas ensaladas.
Carrer Isabel Sandy, 4
376 820 900

Camp del Serrat (M)
Diversas especialidades de la cocina internacional. Es el restaurante del hotel del mismo nombre.
Engolasters
376 324 022

Pizzeria Angelo (M)
Cocina italiana a base de productos de calidad. No faltan las pizzas de masa fina y crujiente que la convierte en la mejor pizza de Andorra. Los dulces son exquisitos.
Carrer de la Unió, 9
376 666 810
www.angelopizzerie.com

Sant Julià de Lòria

Café Principal (E)
Coqueto restaurante de cocina típica andorrana. Económico y casero. El servicio es muy atento y eficiente.
Plaça Major, 5
376 841 023

San Telmo (M-C)
Recomendable restaurante argentino donde probar los cortes de cordero de la Patagonia.
Ctra. de la Rabassa
376 844 545

Borda de L'Arena (M)
Ofrece una buena cocina tradicional, a base principalmente de carnes
Ctra. Bixessarri a Os de Civís, Aixovall
376 842 574

La Borda de Les Pubilles (C)
Tradicional borda del siglo XVIII donde elaboran una buena y variada cocina andorrana.
Plaça Major, 1, Aixirivall
376 841 201

Parador d e Canòlich (E)
El emplazamiento único del lugar y las buenas carnes a la brasa hacen obligatoria la parada.
Ctra. Canòlich s/n junto a la ermita
376 842 382
hotelparadordecanolich.com

Precios
El precio medio de los restaurantes corresponde al de una comida completa para una persona. Hay tres categorías:

E = hasta 20 €
M = entre 20-40 €
C = más de-40 €

Encamp

Borda del Tremat (M)
Cocina andorrana de calidad.
San Miquel, 23
376 831 080

Llac i Cel (M)
Un local con solera que sirve carnes de excelente calidad a la brasa, así como platos de la cocina internacional.
Llac d'Engolasters. Encamp
376 822 322

Borda Vella (M)
Platos de la cocina tradicional andorrana.
Avinguda del Príncep Benlloch, 22
376 831 308
www.bordavella.com

La Cirera (C)
Sirve buena cocina española y otros platos de la cocina internacional.
C. Francois Mitterrand, 81
376 815 919
www.restaurantmarisqueriaencamp.eu

Els Flocs M)
Especialidades en platos de la cocina internacional.
Avda. d'Encamp, 39. Pas de la Casa
376 856 390

Casa Rodona (M)
En una especie de refugio de montaña se sirven excelentes escudillas.
Pas de la Casa
376 800 872

Llac de Pessons (M)
Con un estilo similar al de una borda tradicional, presenta una comida de alta montaña.
Grau Roig
376 817 163

Canillo

Molí del Peano (M)
Cocina francesa con especialidad en *raclettes* y *fondues.*

Ctra. General 2, Av. Sant Joan de Caselles C/ General
376 851 258

Borda Patxeta
Es una casa rural. Muy frecuentado por los lugareños, hacen excelentes *trinxats* y arroces de montaña.
Ctra. de Montaup,
376 852 244
www.bordapatxeta andorra.com

Borda de l'Hortó (M)
Sirve cocina de temporada a muy buenos precios para la calidad que ofrecen.
Ctra. Presa de Ransol
376 851 622

El Solà (M)
Uno de los mejores asadores del país junto al Palau de Gel. Buenas carnes y algunos platos de cocina portuguesa: bacalao. Excelentes postres caseros.
Av. Sant Joan de Caselles
Tel. 376 853 350

Cort del Popaire (C)
Especialidad en platos de la cocina internacional. Cerrado durante los meses de mayo y junio.
Plaça de Soldeu
376 851 211

La Massana

La Borda de l'Avi (M)
Ofertan especialidades de la cocina tradicional andorrana.
Avenida del Ravell, 38
376 835 154
www.
restaurantlabordadelavi.com

Borda Raubert (M))
Ofrece una cocina tradicional andorrana, donde el ingrediente estrella es la carne de caza.
Ctra. de Arinsal, km 1,5
376 835 420
www.bordaraubert.com

Borda d'Erts (M)
Lugar tranquilo donde disfrutar de sus platos tradicionales y de sus carnes a la *llosa.*
Ctra. General s/n Erts
376 840 820

Borda Xixerella (M)
Desconocido pero recomendable restaurante. En un local muy acogedor, sirve excelente cocina de raciones generosas. Buena selección de vinos.
Ctra. de Pal, junto al camping, Erts
376 841 100
restaurant-borda-xixerella-andorra.com

Gastronòmic (C)
Se encuentra junto a la estación de esquí, en un salón aparte del comedor principal. Sirve cocina creativa con un toque de fusión, a base productos de calidad.
Sector de las pistas de Vallnord Pal
376 878 060

Molí dels Fanals (C)
Cocina típica andorrana. Los platos tienen un toque sofisticado y muy elaborados.
Avda. Les Comes, 3. Sispony
376 835 380
www.molidelsfanals.com

Ordino

La Neu Restaurant (C)
Una extensa carta de carnes, verduras de temporada, cremas y platos tradicionales.
Avinguda de l' Angonella, S/N
376 749 749

Babot (C)
Es el restaurante del hotel. Excelente cocina con especialidad en escabeches de aves y pescados.
Ctra. Coll d'Ordino Cap del Puy.
376 747 047
www.hotelbabotandorra. com

Tòpic (M)
Ofrece platos de la cocina internacional.
Carrer Major, 21
376 736 102

L'Era d'en Jaume (C)
Lugar tradicional bien ambientado donde se elaboran platos típicos a base de productos frescos.
Av. de l'Angonella, Llorts
376 850 667

Alojamientos

Andorra la Vella

Holiday Inn***** (C)
Ubicado a pocos metros de la Casa de la Vall. Las habitaciones son amplias, luminosas y bien equipadas. Ofrece un excelente desayuno bufé.
Prat de la Creu, 88
376 874 444
www.holidayinnandorra.com

Hotel Plaza***** (C)
Hotel de lujo con excelente ubicación. Ofrece habitaciones espaciosas, completamente equipadas. Ofrece todas las comodidades y servicios.
Maria Pla, 19
902 932 050
www.plazandorra.com

Hesperia Andorra la Vella**** (C)
Hotel de cuatro estrellas y 60 habitaciones ubicado en las proximidades del río Valira y muy cerca de la comercial avenida Meritxell. Habitaciones amplias y confortables. Servicio y atención esmerados.
Avenida Doctor Mitjavila, 1 Rotonda
376 880 880
www.nh-hoteles.es

Andorra Park***** (C)
Hotel de lujo con una magnífica zona de deporte y spa. Ofrece habitaciones amplias totalmente equipadas, decoradas con buen gusto y con vistas panorámicas.
Les Canals, 24
376 877 777
www.andorraparkhotel.com

Art Hotel**** (C)
Agradable hotel de 121 habitaciones con decoración de diseño. Ofrece los servicios de spa, tiene dos restaurantes y sirve un excelente desayuno bufé.
Prat de la Creu, 15-25
376 760 303
hotel-arthotelandorra.com

Hotel Pyrénées*** (M)
Hotel histórico y emblemático, en funcionamiento desde 1940. Las habitaciones son correctas, limpias y equipadas con baño privado.
Avda. prince Benlloch, 20
376 879 879
www.hotelpyrenees.com

Hotel Céntric Atiram**** (M)
Hotel de seis plantas ubicado en una zona privilegiada en pleno centro de la ciudad. Las habitaciones están bien equipadas y ofrece los servicios de bar, restaurante, cafetería. Excelente servicio.
Avda. Meritxell, 87-89
376 877 500
www.atiramhotels.com

Novotel**** (C)
Hotel de 102 habitaciones, confortables y espaciosas. Cuenta con un completo spa, varios restaurantes y bares.
Prat de la Creu s/n
376 873 603
www.novotel.com

Hotel de l'Isard*** (M)
Acogedor hotel ubicado junto a la comercial. Ofrece habitaciones completamente equipadas con baño privado, calefacción, aire acondicionado, televisión y wifi gratuito. Cuenta con un buen restaurante, donde sirven platos de la cocina andorrana.
Avda. Meritxell, 34
376 876 800
www.hotelisard.com

Hostal Cisco de Sans (E)
Tradicional, agradable y acogedor hostal, localizado en la parte antigua de la capital. Habitaciones acogedoras.
Anna Maria Janer, 4
376 863 188

Escaldes-Engordany

Hotel Exe Princep**** (C)
Es un conjunto de 50 habitaciones con decoración de diseño. En su restaurante: **Vermell,** sirven comida saludable. No admiten niños.
La Unió 5
376 870 400
www.exehotels.com

Roc de Caldes***** (C)
Hotel de lujo, aunque un poco apartado de la zona de compras. Se ubica un entorno privilegiado junto a la ladera de la montaña.
Ctra. de Engolasters
376 874 555

Termes Carlemany**** (C)
Acogedor y elegante hotel con spa, piscina climatizada, restaurante y bar-cafetería.
Avda. Carlemany, 4
376 870 050
www.hotelcarlemany.com

Sant Julià de Lòria

Hotel Imperial Atira**** (E)
Hotel de cuatro estrellas ubicado junto al río Valira. Ofrece

habitaciones confortables y un servicio atento y esmerado. Buena opción.

Avda. Rocafort, 26
376 843 478

Cal Bou (C)
Magnífico resort rural, donde han recuperado antiguas instalaciones de uso agrícola y las han adaptado de manera acertada como residencias de turismo rural. Ideal para familias con niños, ya que han organizado espacios pensando en los más pequeños, como zona de hípica y espacios lúdicos.

Ctra. de Fontaneda, s/n
376 342 203

Coma Bella (M)
Alojamiento familiar situado en el bosque de la Rabassa muy cerca de Naturlandia.

Ctra. de la Rabassa km. 6
376 742 030
www.hotelcomabella.com

Hotel Parador de Canòlich** (E)**
Hotel de cuatro estrellas y tres habitaciones, ambientado al estilo montañes de las casas rurales en una atmósfera cuidada y elegante. Buena relación calidad-precio.

Ctra. de Canòlich, s/n
376 842 382
www.hotelparadordecanolich.com

Encamp

Hotel Guillem** (E)**
Hotel de cuatro estrellas de carácter familiar. Ofrece habitaciones equipadas con baño privado, televisión y balcón. Dispone de los servicios de restaurante donde sirven cocina de mercado.

Carrer dels Arinsols, 10
376 733 900
www.hotelguillem.net

Grau Roig** (M)**
Magnífico complejo de montaña orientado a las pistas de esquí de Grandvalira. No se puede estar más cerca de las pistas. Ofrece 42 habitaciones, todas con vistas, con el máximo confort.

Estación de esquí de Grandvalira, sector Grau Roig. AD 200
376 755 556
www.hotelgrauroig.com

Hotel Les Truites (M)
Hotel de 11 habitaciones de ambiente familiar ubicado a 200 m de las pistas de esquí de Grandvalira. Estupenda opción para esquiadores.

Carrer Dels Pareatges, 8
376 755 155
www.hotellestruites.com

Casa Rural de Les Arnes** (M)**
Ubicada en el casco antiguo combina elementos tradicionales y vanguardistas.

Santa Eulàlia, 7
376 832 513
www.rderural.com

Borda del Mollà** (M-C)**
Una de las pocas opciones de turismo rural en el Principado. Ubicada en plena naturaleza es un alojamiento romántico. haan conservado hasta hoy, los *gaials*, esas aperturas que configuran la cubierta a dos aguas.

Ctra. dels Cortals, s/n
376 832 513
www.rderural.com

Canillo

SportHotel Hermitage & Spa *** (C)**
Sofisticado hotel ubicado en un magnífico emplazamiento, a 1.850 metros de altitud en plena naturaleza. Las habitaciones son amplias, cómodas, con vistas a las montañas y las pistas de esquí de Grandvalira. Cuenta con cinco restaurantes y ofrece los servicios de un completo spa.

Ctra. General s/n-Soldeu, AD100
376 870 670
www.hotelhermitage.sporthotels.ad

Hotel Nòrdic (M)
Hotel de 120 habitaciones con terraza ubicado en plena montaña, junto a las pista de esquí. Cuenta con los servicios de un spa.

Ctra. General, s/n. El Tater, AD100
376 739 555
www.grupnordic.ad

Parador Canaro (C)
Agradable hotel de montaña. Dispone de cómodas habitaciones exteriores con balcón y un estupendo restaurante.

Crta Gral 2 . Incles - Soldeu
376 751 150
www.hotelcanaro.com

Hotel l'Ermita (E)
Agradable hotel totalmente adaptado al entorno. Con 27 habitaciones estilo montañés bien equipadas. Además cuenta con restaurante donde sirven platos de la cocina tradicional andorrana.

Meritxell, s/n, AD100
376 751 050
www.hotelermita.com

Hotel Ski Plaza (C)
Cómodas habitaciones decoradas al estilo alpino.

Avi. Sant Joan de Caselles s/n
376 739 444
www.plazandorra.com

La Massana

Màgic Canillo** (M)**
Situado a 100 metros del telecabina que une La Massana con Vallnord. Tiene piscina climatizada, jacuzzi, sauna, baño turco, sala fitness y un acogedor pub irlandés.

Av. el Travès, 7
376 735 900
www.hotansa.com

Hotel del Pui (M)
Se localiza a pocos metros del teleférico de Valnord que comunica con las pistas de esquí. Tiene habitaciones cómodas, limpias, aunque no muy amplias. Cuenta con armarios para esquíes, así como servi-

cio de bar y restaurante donde sirven correctas cenas bufé.
Avda. del Travès, 5
376 738 300
www.hoteldelpui.ad

Hotel Palomé (C)
Una mezcla de estilo montañés y diseño. Hay habitaciones amplias, cómodas y completamente equipadas. Dispone de los servicios de bar y restaurante.
Ctra. d'Arinsal s/n. Erts
376 738 500
www.palomehotel.com

Rutllan La Massana (C)
Hotel de estilo montañés lleno de madera con spa, bar y restaurante.
Avda. del Ravell, 3
376 738 738
www.hotelrutllan.com

Hotel Anyós Park (C)
Agradable resort ubicado en plena montaña. Ofrece los servicios de spa, varios restaurantes y bares. Cuenta además con un exclusivo club deportivo.
Ctra. de Anyós, 8. Anyós
376 737 173
www.anyospark.com

Ordino

Hotel Xalet Bringué (M)
Buen hotel de 110 habitaciones bien ubicado, ideal para subir a las cercanas pistas de esquí o hacer excursiones por el Parque Nacional de Sorteny.
Av. De les Subiranes s/n AD300 El Serrat
376 749 100
www.hotelbringue.com

Hotel Niunit (C)
Hotel de estilo montañés con servicio de spa. Tiene un reconocido restaurante donde sirven platos de la cocina tradicional andorrana.
Ctra. General del Serrat, s/n. El Serrat
376 735 735
www.hotelniunit.com

Coma (M)
Construido en la década de los años treinta del siglo pasado. Representa un hotel con personalidad y encanto. Rodeado de jardines a los pies del Pico de Casamanya
Carrer del Camp de la Tanada
376 736 100
www.hotelcoma.com

Hotel Babot (M)
Hotel de montaña localizado en un agradable entorno paisajístico. Ofrece habitaciones correctas y dispone de servicio de restaurante.
Ctra. de Ordino a Canillo Cap del Puy
376 747 047
www.hotelbabotandorra.com

Ir de compras

Durante décadas, el país de los Pirineos se ha caracterizado por ser un paraíso para las compras. Son pocos los lugares que ofertan tanto en tan poco espacio territorial. Así en Andorra podemos encontrar más de 1.200 tiendas y comercios, algunos ultra modernos, donde se ofrecen mercancías de todo tipo, de las más variadas marcas que incluyen las últimas tendencias de la moda, perfumería, joyería y relojería, a precios muy competitivos. Hay que tener en cuenta que aquí se exime parte del IVA que se paga, por ejemplo, en España o Francia; eso hace que el combustible sea cerca de un 20 por ciento más económico. Andorra tiene un impuesto llamado IGI o Impuesto General Indirecto que su tipo aplicable general es de un 4,5 por ciento.

La avenida Meritxell en Andorra la Vella y la avenida Carlemany en Escaldes-Engordany exhiben los principales y más sofisticados escaparates de tiendas.

Las capitales de parroquias centrales y meridionales tienen en sus principales avenidas tiendas de diferentes tipos y grandes superficies comerciales: en Sant Julià de Lòria **(Punt de Trobada** o **River)**, Andorra la Vella **(Pyrénées)** o Escaldes-Engordany **(Andorra 2000** o el moderno **Illa Carlemany)**. La Massana y Encamp también tiene sus animados lugares de tiendas. En las parroquias altas, las zonas de compras están especializadas esencialmente en tiendas de ropa de invierno y sobre todo de material deportivo como en Arinsal, Soldeu, El Tarter... El Pas de la Casa, junto a la frontera francesa, también tiene centros comerciales como **Hiper Pas**. Se recomienda de todas formas también comparar precios en pequeños supermercados locales.

No se debe pasar por alto el comercio tradicional, aún presente en zonas como Ordino, La Massana y Canillo, donde se ofrecen productos artesanales de altísima calidad como tés e infusiones, miel, salsas con aromas, vinos de Sant Julià, cervezas de La Cortinada, embutidos, quesos y utensilios para la casa.

Vía Moda Andorra

En avenida de Meritxell 100, Andorra la Vella (www.viamoda.ad). Cuenta con 27 tiendas, donde se venden productos de marca Arman Jeans, Buick, Desigual, Hugo Boss, Benetton, Levi's, Pepe Jeans, Diesel, Ralph Lauren, Loewe, Guess, Tommy Hilfiger…

Pyrénées Andorra

También en la avenida Meritxell 11, se ubica Pyrénées Andorra (www.pyrenees.ad), donde ofrecen artículos de grandes firmas en moda, belleza y electrónica.

También en la avenida Meritxell se suceden algunas tiendas de moda de altísima factura como: **Alex boutique** (www.alexboutiques.com) en la avenida Meritxell 92; Bespoke Closet, Options, Paul&Shark Store, Shibori o Urban, Christian Dior, Versace, Givenchi, Fendi, Roberto Cavalli entre otras.

Pastisseria Vives

En la avenida Meritxell 84, se sitúa esta pastelería que acumula muchos años de buen hacer y que ofrece un gran surtido de pasteles y bombones.

Kilvil

En la avenida Carlemany 64, Escaldes de Engordany, ofrecen todo lo que un deportista puede desear. También **Viladomat,** con varias sucursales (www.viladomat.com), son tiendas enfocadas a los deportes.

Cava Benito

Está en la avenida Carlemany 82, Escaldes de Engordany (www.cavabenitowhisky.com); y vende licores con una amplia selección de whiskies de todas partes del mundo (Escocia, Irlanda, América, Japón, etc.). También rones, ginebras, cava, vinos y champanes.

River Centre Comercial

En carretera de España, AD600, a Sant Julià de Lòria, está River Centre Comercial, donde se puede adquirir electrónica, textil, deporte, zapatería, perfumería, bebidas, artículos para el hogar y alimentación.

La Casa del Formatge

En la carretera CG-1 en Sant Julià de Lòria (telf. 376 844 444, www.lacasadelformatge.com), está este templo para los amantes de los quesos, donde se oferta una buena selección de quesos franceses, españoles y holandeses. Sin olvidar los quesos elaborados en la vecina localidad catalana de la Seu d'Urgell.

Actividades para niños

Andorra es un bello y sugerente espacio natural que hará las delicias de los más pequeños, donde encontrarán el lugar idóneo para hacer volar su imaginación y divertirse en este pequeño país de los Pirineos. Las capitales parroquiales tienen espacios públicos y plazas acondicionadas para el esparcimiento infantil.

Por otro lado abundan los museos y centros interpretativos algunos de los cuales tienen una clara vocación pedagógica hacia los más pequeños. Principalmente en verano y Navidad no faltan actividades organizadas por la parroquias para el disfrute de los niños, como el teatro en la calle en Andorra la Vella.

Desde las diversas oficinas de turismo parroquiales se organizan excursiones por los parajes de los alrededores para conocer la naturaleza, y se hacen visitas teatralizadas por las localidades del Principado en la época estival.

Muchos hoteles y complejos hoteleros cuentan con actividades dirigidas a niños. Las estaciones de esquí se encuentran adaptadas con guardería y jardines de nieve supervisados por personal idóneo; de esta forma mientras los padres disfrutan de los deportes de nieve, los niños aprenden a esquiar en un ambiente propicio y seguro.

Parque de Naturlandia

Entre las ofertas que no se deben dejar pasar para los más pequeños está este parque (Sant Julià de Lòria), donde además de disfrutar y conocer el entorno (flora y fauna), podrán disfrutar de las múltiples atracciones que ofrece.

Otros sitios de interés para niños son las exposiciones multimedia, muy didácticas e informativas como es el caso del **Centre d'Interpretació de l'Aigua i del Madriu** (CIAM) y **Centre d'Art d'Escaldes** (CAEE).

Vallnord

Durante cualquier estación del año no faltarán actividades dirigidas a niños. Por ejemplo durante la época de invierno en los tres sectores de Vallnord: Arcalís, Arinsal y Pal, se han desarrollado nuevas formas para que los más pequeños puedan disfrutar de la nieve y el tiempo libre, como es el caso de **Family fun,** un sistema que conjuga *babyclub* y *pekepark,* con un elevado sistema de seguridad infantil (jump, paseos con raqueta, trineos…).

En el sector **Pal** se realizan actividades de *muixing* que consiste en paseo en trineo guiado por perros, bajo la vigilancia de monitores experimentados. También se llevan a cabo carreras en motos de nieve, en circuitos solo para los pequeños.

En el sector **Arcalís** se ha ideado el *gicaFer*, que consiste en excursiones por el sector Arcalís en un vehículo anfibio muy seguro y con capacidad para 16 personas. Para la época de verano se pueden llevar a cabo actividades de hípica (caballos y ponys) bajo la supervisión de monitores diplomados. También pueden realizar actividades de *jump* donde padres como hijos podrán saltar y dar volteretas en el aire, sobre camas elásticas de forms segura.
Otras sugerencias son los *karts* eléctricos para niños, donde podrán descubrir la conducción por un circuito inflable y realizar práctica de tiro con arco, siempre bajo la vigilancia de un monitor.
También en Vallnord en la plaza de la Caubella de Pal parte un trencito infantil dirigido a niños de entre 18 meses a 3 años.

Canillo

En Canillo se encuentra el **Family Park Canillo** (abierto del 5 de julio al 14 de septiembre de 10.30 h a 18 h, telf. 376 890 680, www.andorrainfo.com), un espacio de multiactividades en plena naturaleza enfocado a la familia. Hay un lago artificial donde se puede practicar la navegación en kayac, hípicas, trineo de montaña tirado por perros.

Escaldes-Engordany

El **Bosque de Aventura** (abierto de mayo a septiembre de 10 h a 17 h, 376 890 881, http://www.boscaventurandorra.com) se localiza en la zona de Engolasters en Escaldes-Engordany. Cuenta con cuatro circuitos dependiendo del nivel y de la edad del niño.

Esquí y otros deportes

Andorra, con sus ocho estaciones agrupadas en dos dominios esquiables bajo la marca Vallnord y Grandvalira, posee la mayor y la más alta extensión esquiable de los Pirineos.
Ski Andorra (avda. Tarragona 58-70, edificio Les Columnes, despacho 14, telf. 376 805 200, www.skiandorra.ad) te da la posibilidad de conocer todas las estaciones de esquí del principado, pudiendo escoger cada día una estación diferente.

Pistas de esquí Vallnord

Estación de Pal- Arinsal: Situada entre unas cotas de 1.550 m y 2.560 m con 63 km de pistas esquiables, cuenta con 12 telesillas, 8 telesquís, 1 teleférico, 2 telecabinas y más de 240 cañones de nieve artificial. Tiene una capacidad para 30.400 esquiadores por hora. Los servicios de la estación incluyen restaurantes, terrazas, galerías comerciales, guardería, servicio médico, escuela de esquí. Cuenta con un gran parque infantil de nieve, situado en el sector de Pal. Ahora existe un rápido acceso desde las parroquias del centro, gracias a un nuevo túnel que conecta La Massana y el centro del principado: túnel de les dos Valires.
La **estación de Ordino-Arcalís** permite esquiar en 26 pistas, ideales para todo tipo de esquí, slalom y surf.
En las pistas de la **Coma,** situada a 2.300 m, también puede practicarse el esquí noruego denominado telemark. La estación está equipada con guardería, primeros auxilios, comedor, autoservicio y restaurante con solárium.
Vallnord pone a disposición de los visitantes el sistema de *Vallsharing*, de manera online se comparten gastos y coche hasta las pistas, o sea que la empresa se hace cargo de los gastos del túnel del Cadí que viene de Barcelona y ofrece hasta el 50 por ciento de descuento en algunas actividades.
Vallnord es la meca de los descensos en BTT (cuenta con un Bike Park y fue sede de la Copa del Mundo de descenso en BTT), una actividad que junto al resto de modalidades clásicas como excursiones a pie, a caballo, en todoterreno, además de las inmersiones en altitud, las actividades infantiles o de golf, impulsan el turismo de montaña en época estival.

Pistas de esquí Grandvalira

El dominio esquiable de Grand valira abarca las estaciones de Pas de la Casa-Grau Roig, Soldeu-el Tarter, Canillo o Forn y Encamp o Funicamp, que en conjunto suman un área esquiable de 1.926 ha entre las cotas 2.640 y 1.710 m. Cuenta con 110 pistas que en total suman 193 km le longitud. Hay también 4 itinerarios de esquí *ratrac* (fuera de pista), 4 estadios de competición, 3 áreas de *freestyle*, 2 *boardercross* permanentes, 1 circuito de fondo, 7 circuitos de raqueta de nieve, 3 circuitos de *mushing* (trineo de perros),

2 circuitos de motos, 1 base de vuelos en parapente y gran cantidad de servicios en altura y a pie de pistas.
En **Pas de la Casa-Grau Roig** es posible incluso realizar esquí nocturno. La actividad no cesa en ninguna época del año en dicha estación, que promueve un turismo verde con propuestas innovadoras como practicar submarinismo en lagos, el campo de golf más alto de Europa, 100 km de descensos en BTT, el área de actividades infantiles, los circuitos a caballo o el *karting* de Grandvalira-El tarter.

Naturlandia. Sector campo de nieve de La Rabassa
El Camp de Neu de La Rabassa (2.160 m) ofrece la posibilidad de la práctica del esquí nórdico en los 15 km de pistas marcadas en el bosque. Parque infantil de nieve, con perros con trineo, raquetas de nieve. Cuenta con restaurante, bar y tiendas de alquiler de equipos.

Escalada en zonas como Sant Antoni de la Grella o cerca de Canillo, senderismo por las vías ferratas por ejemplo en el **Bosque de Segudet** (Ordino), amplias rutas de BTT en Vallnord y La Rabassa son las actividades estrella a practicar en el Principado pero hay empresas especializadas en barranquismo, *buggies, karts* y todoterreno, hípica con club en L'Aldosa (entre La Massana y Ordino), inmersiones de altura, *paintball, puenting,* quads, tiro con arco o vuelo en helicóptero con empresas como *Heliand* (www.heliand.com). Como actividad curiosa es la que organizan las empresas, *Experiencia en Muntanya* y *Muntanya Activa,* que enseñan la construcción de iglús en Grandvalira.

Empresas y lugares para hacer deporte

Desconnecta i aventura
✉ Encamp
☎ 376 325 599
🖱 desconnectaaventura@andorra.ad

Experiencia en Muntanya
Para hacer todo tipo de deporte de montaña.
✉ Ed. Casa Estragues, Ordino
☎ 376 847 888
🖱 www.experienciamuntanya.com

Gicafer
✉ Camp de neu Ordino-Arcalís, Ordino
☎ 376 611 841
🖱 www.gicafer.com

Muntanya Activa
✉ El Tarter (Canillo)
☎ 376 390 776

Club hípico l'Aldosa
Centro hípico a 1.250 m de altitud en las montañas.
✉ L'Aldosa (La Massana)
☎ 376 837 329
🖱 www.hipica-aldosa.com

Estadi Comunal
Centro deportivo y pista de atletismo.
✉ Avinguda de Salou, 22 Andorra la Vella
☎ 376 730 090

Centro deportivo de Els Serradels
Piscinas, pistas de tenis y gimnasio.
✉ Plaça Baró Pierre de Coubertin, ctra. de la Comella.Andorra la Vella
☎ 376 730 090
🖱 wwwandorrasportstraining.com

Polideportivo Prat del Roure
En los 11.000 m^2 del complejo esperan múltiples espacios dedicados al deporte y el ocio.
✉ Calle dels Veedors, s/ Escaldes-Engordany
☎ 376 890 884
🖱 www.andorrasportstraining.com

Complex Esportiu i Sociocultural d'Encamp
Incluye piscina, rocódromo, gimnasio, tenis...
✉ Passeig de l´Alguer, 1 Emcamp
☎ 376 732 700
🖱 www.encamp.ad

Centre Esportiu Pas de la Casa
Pistas de atletismo.
✉ Avda. Consell General, s/n
🖱 www.encamp.ad

Palau de Gel de Andorra
✉ Av. Sant Joan de Caselles
🖱 www.palaudegel.ad

El **Comú de Escaldes -Engordany** ha inaugurado el primer circuito para personas con deficiencia visual y motriz. Se ha adaptado un tramo de casi 1.200 m que presenta un nivel de dificultad bajo y sin desniveles para esquiadores.

Vida nocturna

Para ser un pequeño país Andorra tiene una activa vida nocturna centrada principalmente en invierno en las zonas de pistas de esquí: Arinsal, Soldeu-El Tarter pero también en la capital.
Habitualmente después de las 3 h de la madrugada no hay nada abierto en el Principado comenzando la movida nocturna antes que en el resto de la Península o la vecina Francia. En verano Andorra es un paraíso para los excursionistas por lo que el ambiente nocturno es más sosegado pero animado en las fiestas patronales cuando las propuestas culturales se multiplican.

Andorra la Vella

En la capital son famosos establecimientos como el **Buda Espai Andorra** (lounge) ideal para los amantes de la música *chillout* y la copa de primera hora. También es conocida la **Bodegueta Xacal** en la animada avinguda Tarragona, donde se puede bailar ritmos caribeños y latinos.
Otros establecimientos de moda son **D Club,** lugar vanguardista de ambiente *trendy,* la **Borda Pairal** donde escuchar música *chillout* o el pub, café-teatro la **Fada Ignorant**.

Escaldes

En la vecina Escaldes se halla **Califa,** tradicional local para tomar una copa, o el pub **Corinthia,** donde tomar mojitos y por supuesto cervezas. El **Teatre Comunal, El Centre Cultural la Llacuna,** el **Envelat del Parc Central** en Andorra la Vella y el **Auditori Prat Roure** en Les Escaldes son lugares donde se suelen hacer conciertos y actos culturales de diversa índole.

Vallnord

En el sector Vallnord el ambiente invernal se centra esencialmente en Arinsal (La Massana). Es un punto animado con locales o pubs como **Irish Bar** o **El Cau.**
Más abajo cerca de La Massana se encuentra **La Borda,** donde poder bailar y tomar una copa en un ambiente muy animado de invierno.
En La Massana está también la disco **Tabola Club**, otro local animado para los más jóvenes.

Ordino

Las propuestas de Ordino son lugares tranquilos y para grupos reducidos con locales como **Vertical Límit** o **Pub Xaloc**.

Grandvalira

En el sector Grandvalira destacan puntos de cierta marcha nocturna como **Soldeu-El Tarter,** donde está el frecuentado **Vintage** (El Tarter) o el bar deportivo **Aspen** (Soldeu).
En Pas de la Casa se halla la famosa discoteca **Billboard** donde se pincha la mejor música del momento.

Fiestas y celebraciones

Además del Día de Nuestra Señora de Meritxell, patrona de Andorra, las fiestas mayores parroquiales son un buen momento para contactar con la población local, su folclore y costumbres. Se celebran de julio a septiembre. Las fiestas populares se suceden a lo largo del año y en muchos casos tienen que ver con la tradición agraria del país. Son habituales los *aplecs* o romerías. Por otro lado los acontecimientos musicales, deportivos, de gastronomía o compras también constituyen un grueso en el calendario festivo del Principado.

Enero

Día 17, *Fiesta de Sant Antoni en La Massana.* Patrón de los animales en La Massana, Escaldes-Engordany donde se hace la cabalgata denominada de los *Tres Tombs*. Y Andorra la Vella donde se bendicen los animales y luego se come en la plaza principal una *escudella* popular (cocido típico) y un postre especial: el *tortell de Sant Antoni.*
31 de enero: *Crema del Mai* (Quema del abeto) en Canillo.

Febrero

Carnaval o *Carnestoltes* en todas las parroquias y desfile de carrozas de Escaldes-Engordany y Andorra la Vella. Existen características por parroquia; así el miércoles en Andorra la Vella se hace una comida comunitaria denominada *l'apat de la concòrdia,* siguiendo una tradición que data de 1777.
En Canillo, el martes desfilan los arlequines y por la noche

Fiestas nacionales

1 de enero: Año Nuevo.
6 de enero: Reyes.
14 de marzo:
Día de la Constitución.
Semana Santa: Viernes Santo y Lunes de Pascua.
1 de mayo:
Día del Trabajador.
Mayo o Junio: Pentecostés.
15 de agosto: La Asunción.
8 de septiembre: Nuestra Señora de Meritxell.
1 de noviembre:
Todos los Santos.
8 de diciembre:
Inmaculada Concepción.
25 de diciembre: Navidad.
26 de diciembre:
Sant Esteve.

un tribunal juzga al Carnestoltes. En Soldeu, el miércoles se hace un descenso de nieve con antorchas para despedir el carnaval. En Ordino el martes se representa El *robatori de l'olla de brou a les cuineres* y se reparte *l'olla de brou* o sopa típica. Se baila el *ball de l'óssa* (de carácter burlesco). Jornadas de cocina de invierno en La Massana y Ordino.

Marzo-abril

Aplec de Sant Romà, romería. *Festa de les Caramelles* en Ordino. Se celebra el lunes de Pascua. Los hombres con traje típico realizan cantos que anuncian el final de la Cuaresma con donativos que se traducen esencialmente en butifarras y huevos.
Día 23 de abril, Sant Jordi, en todas las capitales de parroquia. Tradición catalana donde se regalan rosas y libros.
Día 27 de abril, en Escaldes-Engordany, procesión de la Virgen de Montserrat.
Elección de la pubilla en Escaldes-Engordany.

Mayo

Festival internacional Colors de Música en Escaldes-Engordany.
Día Universal de la Sardana en Escaldes-Engordany.
Primer domingo de mayo *Fiesta del Árbol de Mayo* en Soldeu. Se planta un árbol y se realizan danzas a su alrededor.
Día 15, Santa Coloma, procesión de San Isidro.
Último domingo, *Aplec de Canòlich* se trata de una romería que se realiza desde Sant Julià de Lòria hasta el santuario de Canòlich, a 9 km. Se celebra un almuerzo a base de carne a la brasa y luego, a la tarde, en Sant Julià de Lòria (Plaça Nova) hay un concurso de bailes.

Junio-julio

Primer domingo de julio *Festa del Roser* en Ordino. Tradicionalmente los jóvenes de Ordino cogían rosas y hacían ramos para regalarlos a las mujeres, se celebraba una misa y procesión a la mañana y luego un *cercavila* o correcalles acabando en un animado baile de noche. Hoy las ofrendas de rosas son protagonistas pero sobre todo los conciertos y bailes durante todo el fin de semana.
25-26 julio, *Santa Ana.* Fiesta mayor de Escaldes-Engordany.
Día 26, *fiesta al turista* con un destacado festival folclórico. Por la noche hay un animado baile popular y se cantan habaneras. Se elige la *pubilla* y *pubilleta,* "la heredera" o reina de las fiestas.
Último domingo, fiesta mayor de Sant Julià de Lòria.

Agosto

Mercado medieval de Andorra la Vella.
Primer sábado de agosto y dos días posteriores: Fiesta mayor de Andorra la Vella.
Día 16, *Diada de San Roc* en Canillo.
15-16 de agosto: Fiesta mayor de Encamp y La Massana.
24 de agosto: Diada de Sant Bartomeu en Soldeu.
23-25 de agosto: Fiesta mayor de Santa Coloma.

Septiembre

Aplec de sardanas en Encamp.
Aplec de Sant Romà dels Vilars en Escaldes-Engordany.
Día 8 de septiembre: *Nuestra Señora de Meritxell.* Es la fiesta más importante. Con procesión de antorchas desde la Casa de la Vall de Andorra la Vella hasta la iglesia de la Mare de Déu en Meritxell (Canillo) la noche previa. Por la mañana se celebra una misa con todos los párrocos andorranos en presencia de las principales autoridades, cantándose los *goigs* a la Virgen. Después hay almuerzo en el claustro.
Día 16, Fiesta mayor de Ordino.

Octubre-noviembre

Castañada celebrada en todas las parroquias.
Concentración de motos en La Massana y Ordino.
Encuentro de encajeras de bolillos en Escaldes-Engordany.
Festival Narciso Yepes en el Auditorio Nacional de Ordino.
Día 17 de noviembre: *Sant Iscle y Santa Victòria* en La Massana.
30 de noviembre: *Festa de Sant Andreu* en Arinsal.

Diciembre

Carrera o *Cursa de Sant Silvestre* en Sant Julià de Lòria.
Representación dels Pastorets en Sant Julià de Lòria.
Mercadillos navideños *(Fira de Santa Llúcia)* por todos lados.
Día 23, Desfile de Papá Noel en todas las parroquias
Día 26, Sant Esteve se celebra en Sant Julià de Lòria y Ordino con el *cagatió,* vieja tradición catalana según la cual los niños golpean con un palo un muñeco, con su traje típico y barretina y da regalos.

Idioma

El catalán es el idioma oficial del país y da visibilidad internacional en instituciones como la ONU. Las indicaciones viarias están indicadas en catalán pero se entienden perfectamente.
El castellano, el francés e incluso el portugués e inglés son lenguas que se hablan o entienden con normalidad.

Vocabulario para viajar

Buenos días — Bon dia
Buenas tardes — Bona tarda
Buenas noches — Bona nit
Adiós — Adéu/A reveure
¡Buen Viaje! — Bon viatge!
!Hasta luego! — Fins aviat/ Fins després/ Fins més tard
¿Cómo se llama? — Com es diu?
Disculpe, perdone — Disculpi, perdoni
Por favor — Si us plau
Gracias — Gràcies
¿Cómo está? — Com està?
¡Muy bien, gracias! — Molt bé, gràcies
¿Qué hora es, por favor? — Quina hora és, si us plau?
Son las cuatro — Són les quatre
¡No lo entiendo! — No ho entenc!
¿Me lo puede repetir, por favor? — M'ho pot repetir, si us plau?
Me puede hablar poco a poco, por favor — Parli més a poc a poc, si us plau
¿Entiende castellano? — Entén el castellà?
¿Dónde puedo cambiar la moneda? — On puc canviar moneda?
¿Hay bancos o cajas? — Hi ha bancs o caixes?
¿Me puede indicar donde está la embajada o consulado español? — Pot indicar-me on és l´ambaixada o el consolat espanyol?
¡Cuánto vale! — Quant val?
¿Donde hay restaurante, hotel, el hospital, la farmacia, la policía? — On hi ha un restaurtant, hotel, l´hospital, la farmacia, la policia?

En el restaurante

¿Me pone un café y un bocadillo para llevar? — Em posa un cafè i un entrepà per emportar?
Abierto — Obert
Cerrado — Tancat
Carne — Carn
Pollo — Pollastre
Pescado — Peix
Verdura — Verdura
Fruta — Fruita
Café con leche — Cafè amb llet
Café cortado — Tallat
¿Me puede traer la carta? — Em pot portar la carta, si us plau?
Para beber: agua, vino blanco, vino tinto — Per beure: aigua, vi blanc, vi negre
Pan — Pa
Mantequilla — Mantega
Queso — Formatge
Huevos — Ous
Azúcar — Sucre
Tabaco — Tabac
Aceite — Oli
Caro — Car
Barato — Barat
!Camarero, la cuenta! — Cambrer, el compte, si us plau!
¿Qué le debo? — Què li dec?

Días, números, estaciones del año y los colores

Dilluns, dimarts, dimecres, dijous, divendres, dissabte i diumenge — Lunes, martes, miércoles, jueves, viernes, sábado y domingo
Uno, dos, tres, cuatro, cinco, seis, siete, ocho, nueve y diez — Un, dos, tres, quatre, cinc, sis, set, vuit, nou, deu
Verano, invierno, primavera, otoño: — Estiu, hivern, primavera, tardor
Blanco, negro, rojo, azul, verde, amarillo. — Blanc, negre, vermell, blau, verd, groc.

Información Práctica

Embajadas y consulados

Embajada de Andorra en Madrid

✉ Alcalá, 73, 28009 Madrid

☎ 91 431 74 53/ 91 431 78 35

@ Ambaixada_Espanya@govern.ad

Embajada de España en Andorra

✉ Prat de la Creu, 34 AD500 Andorra la Vella

☎ (34) 800030 - 800080

@ emb.andorra@maec.es

Hora oficial y horarios

Andorra comparte la misma zona horaria de Francia y España peninsular GMT+1. Andorra tiene una amplia franja horaria de apertura de la mayoría de comercios que cierran incluso a las 21 h y 22 h. Siendo el horario habitual de 9 h a 20 h de lunes a jueves, de 9 h a 21 h los viernes y sábados y de 9 h a 20 h los domingos.

Cierran solo 4 días al año: 1 de enero, 14 de marzo (Día de la Constitución), 8 de septiembre (Virgen de Meritxell) y 25 de diciembre (Navidad).

ANTES DE PARTIR

Documentación necesaria

Solo es necesario el documento nacional de identidad para los países miembros de la UE y pasaporte o equivalente para el resto de países.

Cuándo ir

Cualquier momento es bueno para visitar Andorra. Se ha de tener en cuenta el tipo de turismo que se quiere practicar. La temporada alta se centra sobre todo en invierno, que es cuando están abiertas las pistas de esquí. El verano es la siguiente estación de mayor ocupación hotelera pero no suele presentar problemas y hay ofertas interesantes en los hoteles. Junto a la primavera (ya avanzada) y el otoño son los momentos propicios para hacer excursiones.

Moneda

El **euro** es moneda de uso en el Principado. Desde 2014 se emiten euros de Andorra como ya lo hacen otros microestados europeos. Aunque por su baja tirada acaban más en manos de coleccionistas que en el uso cotidiano de las transacciones.

Es común el uso de **tarjetas de crédito** internacionales como *Visa, Mastercard* o *American Express.* Los **bancos** son, salvo el de Sabadell, andorranos (Andbank, Crèdit Andorra, Banca Privada d'Andorra o Morabanc) y tienen sucursales o cajeros en las capitales de parroquia. El horario de apertura es de 9 h a 17 h de lunes a viernes.

Se puede dar el caso que en algunas tiendas o restaurantes cobren un 2-3 por ciento más si se **paga con tarjetas.** Por el contrario puede ser también habitual que se hagan descuentos incluso del 10 por ciento si se **paga en efectivo** (principalmente en perfumerías). Al no grabarse la mayoría de productos con el 21 por ciento de IVA de España, los precios normalmente son entre un 15 y un 20 por ciento más baratos que en España. Los carburantes suelen ser un 12 por ciento más económicos que en España por lo que merece llenar el depósito en las numerosas gasolineras existentes en la parroquia fronteriza de Sant Julià de Lòria.

Aduanas

Andorra no pertenece a la UE por lo que el paso por la Farga de Moles en España o l'Hospitalet y Pas de la Casa en Francia supone el control aduanero principalmente por parte de las autoridades españolas y francesas. Los accesos de estas fronteras permanecen abiertos las 24 horas y es imprescindible ir provisto de DNI o, en su defecto, del pasaporte. Los menores necesitan carné de identidad en vigor y libro de familia (aunque este por sí solo no es documento válido para viajar) y un permiso expedido en la comisaría de policía o del Ayuntamiento en el caso de que los niños no viajen con los padres.

Las compras que superen los 900 € (300 € de productos alimenticios) o la mitad en el caso de menores de 15 años deben ser declaradas en la frontera con límites en el alcohol (1,5 l en el caso de bebidas con más de 22° o 3 l en el caso de bebidas con menos de 22°), café (1 kg), perfumes (75 gr), tabacos (300 piezas de cigarrillos o 75 piezas de puros) e incluso algunos alimentos: leche en polvo: 2,5 kg, leche condensada: 3 kg, leche líquida: 6 l, mantequilla: 1 kg, queso: 4 kg, azúcar y dulces: 5 kg y carne: 5 kg.

La tenencia o consumo de cualquier tipo de **estupefacientes** en Andorra está severamente penado en el Principado con controles en las aduanas andorranas y penas de castigo que aparecen en el código penal del 2005.

Existe una **guía de compras** que se puede descargar en formato pdf o conseguir en papel (www.aduana.ad).

DURANTE LA ESTANCIA

Llegada por tierra

Llegar a este Estado de montaña se realiza obligatoriamente por tierra aunque se haga una aproximación vía avión a los aeropuertos del Prat de Barcelona, el aeropuerto de Girona, el aeropuerto de Blagnac en Toulouse o el de Alguaire en Lleida. Este último es el aeropuerto más cercano pero donde solo llegan, hasta el momento, vuelos de Palma de Mallorca (fines de semana) y vuelos chárter para esquiar. El **aeropuerto de la Seu** que podría ser el aeropuerto ideal para llegar al Principado, por estar a pocos kilómetros de la frontera, no está en funcionamiento. Desde estos aeropuertos existe un servicio de autobuses directos a Andorra que llevan al Principado en 3 o 4 horas de duración de trayecto.

Otro método de aproximación, si no se dispone de vehículo propio, es mediante tren: las estaciones de Barcelona-Sants, Lleida-Pirineus, Matabiau en Toulouse y Andorra-l'Hospitalet tienen servicios de conexión directa con autobuses hasta el Principado.

Andorra también está conectada por servicio de autobús desde las principales ciudades catalanas: Barcelona (estació del Nord y aeropuerto T1-T2), Girona, Lleida, Tarragona y Vic. También localidades como Salamanca o Toulouse tienen conexiones de autobús con Andorra. Desde Barcelona el transporte más cómodo y rápido es el ofrecido por **Direct Bus** que tiene salidas diarias desde

Páginas webs útiles

Para llegar a Andorra

- www.aena.es
- www.toulouse.aeroport.fr
- www.aeroportlleida.cat
- www.renfe.com
- www.voyages-sncf.com

Empresas autobuses

Andorra Direct Bus

- 902 109 276/ 376 805 151
- www.andorradirectbus.es

Alsina Graells

- 902 422 242
- www.reserbus.es

Autocars Nadal

- 376 805 151
- www.autocarsnadal.com

La Hispano andorrana y Montmantell

- 376 866 444, 376 807 444
- www.montmantell.com

Covid-19

La actual pandemia ha modificado nuestros habitos: los horarios de apertura, rutas de autobuses, establecimientos turísticos, restaurantes, hasta el uso de moneda son actividades provisionales, sujetas a la evolución de la pandemia. Por ello toda la información dada en esta guía está sujeta a modificaciones y cambios.

Barcelona Sants y el aeropuerto del Prat. Con paradas en Sant Julià de Lòria y Andorra la Vella.

Si el trayecto se realiza en vehículo propio se tienen que tener en cuenta las distancias: Madrid (613 km), Barcelona (208 km), Bilbao (601 km), Valencia (496 km), Zaragoza (300 km) por poner unos ejemplos. La aproximación al Principado desde estas ciudades se realiza en buena parte del recorrido por autopistas y autovías. Los últimos tramos se realizan por carreteras nacionales que no tienen excesivas curvas.

Transporte urbano

Dos empresas gestionan todo el transporte público de Andorra y une todo Andorra con más de 750 paradas. Los horarios varían según frecuencia y época del año pero van desde las 6.30 hasta 21.30 h.

Bus Exprés: la manera de enlazar más rápidamente Sant Julià de Lòria y Escaldes-Engordany.

Línies interurbanes: 6 líneas diferentes. Pasa un autobús cada 10 minutos en las líneas más transitadas y hasta cada hora en las de menor afluencia. Los **precios** varían según la zona (el Principado cuenta con cuatro zonas). Las líneas son: 1. Escaldes-Engordany–Sant Julià de Lòria por Andorra la Vella; 2. Encamp–Andorra la Vella; 3. Soldeu–Andorra la Vella; 4. Pas de la Casa–Andorra la Vella por Canillo y Escaldes-Engordany; 5 Arinsal–Andorra la Vella por la Massana; 6 Ordino–Andorra la Vella por La Massana.

Existen además tres líneas de **Bus Nit** entre Andorra la Vella y Sant Julià de Lòria, Canillo y Andorra la Vella así como Ordina-Arinsal-Andorra la Vella.

Hay un **Bus Lliure** que realizan el recorrido de los servicios regulares de línea, y se extienden hasta (o bien inician en) los diferentes centros escolares del país. Estos servicios se indican con una "B" delante del nombre de la línea (www.bus.ad).

Taxis

Hay paradas de taxi en las zonas más céntricas pero también se puede contratar mediante reserva telefónica.
Associació de taxistes d'Andorra, telf. 376 863 000
Centre de Reserves Taxi Esprés, telf. 376 812 345

Tráfico

En el Principado no hay autopistas y sí algunos tramos desdoblados de carreteras en los núcleos meridionales, y túneles como el de las dos Valiras. Dado que la mitad sur del país está muy urbanizada y la mitad norte es alta montaña se aconseja respetar los **límites de velocidad** para evitar cualquier sobresalto. Suelen haber **controles de policía** en la capital y Escaldes-Engordany para regular el tráfico.

Oficinas de turismo

Madrid
Alcalá 73, 28009 Madrid
91 431 74 53
infomad@andorra.es, www.visitandorra.com

Ski Andorra
Carrer del Valira, 2, planta baixa, AD500, Andorra la Vella
376 805 200
skiandorra@skiandorra.ad, www.skiandorra.ad

Andorra la Vella
Plaça de la Rotonda, s/n Andorra la Vella
376 750 100
info@oficinaturisme.ad, http://visitandorra.com/

Alquiler coches

AVIS
376 871 855
www.avis.es

EUROPCAR
376 874 290
www.europcar.es

HERTZ
376 818 888
www.pirenaica.ad

IFRENT
376 864 442
www.ifrent.com

Hay **gasolineras** en todas las capitales, pero abundan Sant Julià de Lòria cerca de la frontera. Los talleres y el material que expenden (ruedas, piezas y recambios) son más económicos que en España y se concentran principalmente a las afueras de la capital.

Cada parroquia dispone de un servicio de circulación y atención ciudadana. Especialmente los fines de semana y en invierno puede haber problemas de movilidad que afecte a la capital, a Escaldes-Engordany y a la zona próxima a la frontera.

Hay un **Centro de Información** y Gestión del Tráfico, telf. 376 1802 1802, así como un **punto de información** del estado de las carreteras que funciona 24 horas, telf. 376 848 884, www.mobilitat.ad.

Teléfonos

Para **llamar a Andorra desde España** se marca el 00376 más el número de abonado (normalmente seis cifras). Para llamar **desde Andorra a España** se marca el 0034 seguido del número del abonado.

Telefonear desde Andorra se considera conferencia y si se responde al teléfono móvil se paga la itinerancia. Por lo que se puede aprovechar la wifi existente no solo en restaurantes y hoteles si no también en la principales plazas de las capitales, establecimientos públicos, de ocio y bibliotecas, donde hay servicio de wifi gratuito. Si se tiene un terminal libre se puede comprar una **tarjeta clic** de recarga andorrana que permite llamadas más económicas.

Sanidad

La **tarjeta sanitaria** de la Seguridad Social española no sirve en el Principado. Eso sí, hay un convenio de cobertura médica firmado con España, Francia y Portugal. En caso de accidente los visitantes que procedan de estos países deben enviar las facturas de gastos médicos y formulario de petición de reembolso correspondiente expedido por la Caja Andorrana de Seguridad Social.

El **hospital general** se halla en Escaldes-Engordany (Nostra Senyora de Meritxell, telf. 376 871 000).

Caja Andorrana de Seguridad Social (telf. 376 870 870, www.cass.ad).

Correos

Existen dos administraciones de Correos, la francesa y la española, que emiten series de sellos separados en catalán muy apreciados por los coleccionistas. En cada capital hay buzones de correos de ambas administraciones así como oficinas de Correos donde adquirir sellos (abren de lunes a viernes de 8.30 h a 14.30 h y sábados de 9 h a 13 h).

Teléfonos información y urgencias

Información nal.111
internacional: 119
www.andorratelecom.ad, www.andorra-andorre.com
Servicio médico urgente o SUM: 116
Ambulancias: 118 o 376 800 020
Grupo de Rescate de Montaña: 112
Policía: 376) 872 000/ Urgencias: 110
Bomberos: 376 800 020/ Urgencias 118
Hospital / Servicio al viajero: 376 871 005
Cruz Roja Andorrana: 376 825 225

Bus turístic guiat

Funciona en verano y realiza recorridos temáticos de medio día de duración. Se sale de Sant Julià de Lòria (Prat Gran), Andorra la Vella (Pl Príncep Benlloch, 1) y Escaldes-Engordany (Caldea).

376 805 151

www.visitandorra.com

Índice de lugares

Mapas y planos